Max Skarek

Die Abtei Bronnbach an der Tauber

Ein Beitrag zur Baugeschichte der Cistercienser

Max Skarek

Die Abtei Bronnbach an der Tauber
Ein Beitrag zur Baugeschichte der Cistercienser

ISBN/EAN: 9783743643048

Hergestellt in Europa, USA, Kanada, Australien, Japan

Cover: Foto ©ninafisch / pixelio.de

Weitere Bücher finden Sie auf **www.hansebooks.com**

Die Abtei

Bronnbach an der Tauber.

Ein Beitrag zur Baugeschichte der Cistercienser.

Inaugural-Dissertation

zur

Erlangung der Doctorwürde

der philosophischen Fakultät der Universität Heidelberg

von

Max Sklarek

aus Beuthen O.-S.

Berlin.
Druck von H S. Hermann.
1895.

Inhalt.

Historischer Teil.

Einleitung	5
Geschichte der Abtei Bronnbach an der Tauber	8
Abbatium series	21
Anhang	35

Kunsthistorischer Teil. 37

Beschreibung des Baues	39
Die Gewölbe	45
Die Details	50
Der Kreuzgang	53
Die Grabsteine	55

Historischer Teil.

Einleitung.

Der Begründer des Mönchwesens im Abendlande, der heilige Benedict von Nursia (Norcia in Umbrien), stiftete zu Anfang des sechsten Jahrhunderts in Monte Cassino das erste Kloster, den Stammort des Benedictinerordens. Von hier aus verbreitete sich der Orden in den katholischen Landen und in Erinnerung an ihr hochgelegenes Mutterkloster legten die Benedictiner ihre Klosteranlagen mit Vorliebe auf einsame Berghöhen.

Die Ordensregeln, wie sie der heilige Benedict aufgestellt hatte, waren hart und streng, doch der schnell wachsende Reichtum des Ordens und die Ausbreitung seiner Macht milderten in solchem Maasse ihre Härte, dass sich im Laufe der Zeit eine Reaction gegen die üppige Lebensführung, die in den Klöstern überhand nahm, unter den Mönchen herausbildete, sodass sich in Cluny ein Zweig des Ordens zur Rückkehr zu den strengen Satzungen Benedict's ablöste. Doch auch den Cluniacensern ging es, wie es ihren Vorfahren, den Benedictinern, ergangen war: nach kurzer Zeit schon verliessen sie die streng asketische Richtung und gerade Cluny selbst entfaltete später Glanz und Pracht in einer Weise, die von dem benedictinischen Lebensideale gewaltig abstach. — So kam es, dass bald nach dem Jahre 1000 fromme Ordensmitglieder das Bedürfniss nach einer Reformation, nach einer nochmaligen Zurückführung des Klosterlebens auf die ursprüngliche Einfachheit im Sinne ihres Stifters empfanden. Von Molesmes, einer Tochter von Cluny, ging diese Bewegung aus. Im Jahre 1098 zog der Abt Robert, aus dem Geschlecht der Herzöge von Burgund, mit 20 Gefährten in eine Einöde, wo sie, fern allem weltlichen Getriebe, völlig den harten Bestimmungen des heiligen Benedict nachleben wollten. Den gewählten Ort nannten sie, seiner vielen Quellen wegen, Cistercium. 1099 jedoch musste Abt Robert nach Molesmes zurückkehren. Unter seinem zweiten Nachfolger, einem Engländer Stephan Harding, drohte dem jungen Orden, wegen Mangels an Mitgliedern, der Untergang. Da meldete sich ein Graf von Chatillon, der später als Ordensheiliger gefeierte Bernard[1]) mit dreissig Genossen. Es war dies im Jahre 1113. Er wurde als zweiter Gründer des Ordens verehrt. Durch seinen Einfluss wie durch seine Predigten vermehrte sich die Anzahl der Mitglieder so rasch, dass schon im nächsten Jahre das erste Tochterkloster gegründet werden konnte; es war La Ferté (Firmitas), ihm folgte bald Pontigny (Pontiniacum), Clairvaux (clara vallis) und Morimond (mors mundi). Dies sind die vier Töchter von Cisterz. Im Jahre 1119 entwarf Abt Harding gemeinsam mit den vier Aebten der Töchterklöster eine Verfassungsurkunde, charta caritatis genannt, die den Zweck hatte, alle Verhältnisse der einzelnen Klöster nach einem gemeinsamen Grundprincip zu regeln. Die Bestimmungen dieser Charte bewirkten durch eine Reihe von Anordnungen: gegenseitige Visitationen, den Umstand, dass die Aebte der Zweigklöster alljährlich an einem bestimmten Tage in Cisterz zu erscheinen hätten und durch ähnliche Maassnahmen, eine geistige Einheit, die auch im äusseren Leben, in den Gewohnheiten und der Wirksamkeit, schliesslich auch in den Bauten der Cistercienser ihren charakteristischen Ausdruck fand. Ein Hauptverdienst, welches der Orden sich erwarb, war die Pflege des Ackerbaus. Hierzu

---

[1]) Nach dem Kloster, dessen Abt er später wurde, gewöhnlich Bernard von Clairvaux genannt.

befähigte ihn hauptsächlich eine Einrichtung, die bei den Cluniacensern nicht in dieser Weise bestanden hatte: die Institution der „fratres conversi". Es waren dies Laienbrüder, die ehelos leben mussten, die jedoch im Gegensatz zu den andern Brüdern „professi" nicht die Möglichkeit hatten, Priester zu werden, und die ihre Klöster zu Musteranstalten für Landwirtschaft, später auch für industrielle Anlagen und Betriebe machten. Der Eintritt ins Kloster hies conversio, daher ihr Name. In dieser ihrer Thätigkeit lag auch der Grund der schnellen Verbreitung des Ordens, denn viele Fürsten zogen so brauchbare Leute durch Schenkungen von Grund und Boden in ihr Land.

Der Einfluss, den die Strenge der Ordensregel auf die Bauweise der Cistercienser ausübte, äusserte sich in ihrer Vorliebe für abgelegene wasserreiche [1]) Thäler, in der oft grossartigen Einfachheit ihrer Kirchenbauten, in dem ständigen [2]) Mangel an Turmanlagen, Fenster- oder Wandbemalung und in der Anbringung von Kapellen neben oder um den Chor herum, welche zu der bei ihnen usuellen Selbstgeisselung der Mönche dienten.

Jedes der vier Töchterklöster wurde wiederum die Stammmutter einer grossen Anzahl von Zweigniederlassungen, die sich über das ganze Abendland verbreiteten. Im Jahre 1250, der Zeit seiner höchsten und reinsten Blüte, zählte der Orden schon 1800 Niederlassungen. Besonders in Deutschland erfreute sich der Cistercienserorden eines gewaltigen Wachstums. Die von demselben Tochterkloster (scil. von Cisterz) abstammenden Klöster standen in einem bestimmten Verwandtschaftverhältniss; so waren besonders die Filialen von dem jeweiligen Mutterkloster abhängig. Die Genealogie der Klöster ist bei jedem einzelnen bekannt, die der Abtei Bronnbach, mit der

---

[1]) Da sie nach ihrer strengen Observanz fast niemals Fleischkost geniessen durften, wovon erst in späterer Zeit abgesehen wurde, war der Fisch ihre Hauptnahrung.

[2]) Wo Türme, bemalte Fenster etc. vorkommen, sind die Kirchen ursprünglich für andere erbaut und den Cisterciensern erst nachträglich überlassen worden.

nachstehende Schrift sich beschäftigt, ist folgende: Von Morimond aus, das 1115 gegründet wurde, stammten Bellevaux (D. Besançon) vom Jahre 1119, Villers-l'Abbaye (D. Metz) vom Jahre 1132 und Andrzeiow (D. Krakau) vom Jahre 1149. Von Bellevaux aus wurde 1128 Neuenburg in der Diöcese Strassburg, von hier aus 1138 Maulbronn und von Maulbronn endlich Bronnbach an der Tauber gegründet.

Geschichte der Abtei Bronnbach an der Tauber.

In dem fürstlich Löwenstein-Wertheim-Rosenberg'schen Archive zu Wertheim sind 2 Urkunden vorhanden, welche über das Stiftungsdatum der Abtei Bronnbach Auskunft geben. Die eine, „Memoriale[1]) ratione fundatorum monasterii Brunnbacensis" giebt das Jahr 1157 an, in welchem „initiatum est' fundamentum domus B. V. Marie in Brunnbach", die andere,[2]) „ex antiquo quodam libro Ebraci"[3]) sagt aus: „anno 1151 fundata est Abbatia de Brunnbach."

Dieses Jahr hat im Kloster selbst als Gründungsjahr gegolten. Die historia domestica[4]) teilt hierüber mit: „Propter schisma eo tempore inter summum pontificem Alexandrum III. (1159—81) et Fridericum I. (1152—90) fundatio est interrupta, quia primus abbas Reinhardus de Frauenberg imperatoris partes

---

[1]) Original in Wertheim, abg. bei Aschbach, „Geschichte der Grafen von Wertheim", II, pag. 7.

[2]) Org. in Wertheim, abg. bei Aschbach a. a. O. pag. 8.

[3]) Bronnbach blieb unter Maulbronn bis 1537, in welchem Jahre es dem Kloster Ebrach provisorisch zugeteilt wurde, definitiv 1573.

[4]) Historia domestica liberae abbatiae Bronnbacensis, de fatis a tempore fundationis ejusque acquisitionibus, secundum seriem Chronologiae et archivalium tabellarum tenorem a reverendissimo domino D. Henrico (Göbhardt) ejusdem loci abbate adumbrata anno 1795. Abgedruckt in den Schriften der Altertums- und Geschichtsvereine zu Baden und Donaueschingen. III. Jahrgang. Karlsruhe 1847 durch F. J. Mone, pag. 307.

implectens a sua dignitate exauthoratus est. — — Exturbato ex monasterio Reinhardo et facta imperatoris cum pontifice reconciliatione exstructio anno 1157 continuata et consummata est etc. ...."

Am Bau selbst lässt sich allerdings eine Unterbrechung nachweisen, wie wir später sehen werden.

Das Stiftungsjahr, d. h. das Jahr, in welchem zum Zwecke der Gründung eines Klosters das hierzu nötige Land geschenkt wurde, ist ein noch früheres: „Frisius[1]) in M. S. Chron. Wirceb. ad annum 1149 memorat, Brunnbacensi monasterio Ordinis Cisterc. exordium esse datum, quod Billungus de Lindenfels, Erlebaldus de Crensehe et Sigebottus de Thüngern, seu ut in aliis M. S. legitur, de Zimbern, primo Maulbronnensis coenobii Abbati Diethero committunt exstruendum —." Im Jahre 1149 also kamen die drei hier genannten Ritter,[2]) als sie ihre Vorbereitungen zu einem Zuge ins heilige Land trafen, überein, zum Heile ihrer Seelen ein Kloster zu stiften. Sie bestimmten dazu aus später zu erörternden Gründen das alte „castrum Burnebach"[3]) auf einer Anhöhe an der Tauber gelegen und übergaben es dem Abte Diether von Maulbronn. Den Ort jedoch, auf welchem die Abtei erbaut wurde, schenkte der Mainzer Erzbischof Arnold, der mit dem ersten Abte Reginhard oder Reinhard befreundet war, dieser Ort hiess Altenbrunnebach und lag an der Tauber selbst. Die Schenkung ist kurz vor dem Beginn der Bauarbeiten erfolgt

[1]) Aus: Compendium historiae universalis et pragmaticae Romano-Germanici Imperii etc. a P. Thoma Grebner S. J. Tomus II. Wirceburgi 1761 pag. 847.

[2]) Die andern Quellen nennen vier Ritter, ein Bruder des Sigebottus ist hier vergessen.

[3]) Stephan Beissel, S. J. „Die Cistercienser-Abtei Bronnbach," eine kunsthistorische Studie in den „Stimmen aus Maria Laach", Jahrgang 1888, pag. 57 ff. sagt, dass die genannten Ritter „viele Güter, welche in der Umgegend des alten Schlosses Bronnbach an der Tauber lagen," geschenkt hätten. Dies ist nicht richtig: das castrum Burnebach wird ausdrücklich als das Schenkungsobject genannt, warum das Kloster nicht an dessen Stelle erbaut wurde, werden wir unten sehen.

und wohl aus folgendem Grunde: Die Cistercienser liebten zur Anlage ihrer Klöster möglichst am Wasser gelegene Ebenen. In Folge dessen erschien ihnen die hochgelegene Burg für ihre Zwecke ungeeignet und da das Land, das unterhalb des Schlosses an der Tauber lag, Eigentum des Erzbischofs von Mainz war, haben sie sich wohl durch ihren Abt Reinhard an diesen gewandt.[1]) Vom alten castrum sind keine Spuren mehr vorhanden. Vielleicht hat sie der fleissige Pflug der Mönche verwischt. Es wäre auch möglich, dass einer der Klosterhöfe auf seiner Stelle stände, vorzüglich der hochgelegene Schafhof, doch dann wäre wohl in der Benennung desselben die Erinnerung an die frühere Burg haften geblieben. Die Klostertradition hat allerdings für die Wahl des Ortes eine andere Deutung gefunden. In der hist. domest. (sectio prima) wird erzählt, dass, bevor von Seiten der Gründer die Beratung bezüglich des Platzes begann, zwei Lerchen von weisser Farbe in die Höhe gestiegen seien, durch welch wunderbares Ereigniss sie sich zur Wahl des Ortes hätten bestimmen lassen, auf welchem die Abtei noch heute steht.

Als Gründungsjahr, d. h. als das Jahr, in welchem mit dem Bau begonnen wurde, haben wir unzweifelhaft das Jahr 1157 anzusehen,[2]) obgleich Papst Eugen III. (1145—53) schon 1152 einen Schutzbrief für Bronnbach ausstellt: Abt Reinhard hat eben sofort, als er mit Errichtung des neuen Klosters betraut wurde, den Schutz des apostolischen Stuhles

[1]) Die Schenkungsurkunde ist noch vorhanden. Org. in Wertheim, abg. bei Aschbach a. a. O., pag. 5, d. d. Aschaffenburg 1157 (sic!).

[2]) Beissel (a. a. O., pag. 69) schreibt: „Schon hatte Diether von Maulbronn 1151 die Fundamente der Kirche gelegt" — und bezieht sich dabei offenbar auf eine Urkunde in Wertheim, in welcher Abt Diether Nachricht über die Entstehung des Klosters und über Abt Reinhard giebt (abg. bei Aschbach, II, pag. 11). In dieser Urkunde ist kein Datum angegeben, doch wird des Streites zwischen Alexander III. und Friedrich Barbarossa Erwähnung gethan, der 1159 oder 60 begann. Aschbach setzt die Urkunde, wohl mit Recht, 1170, sie ist vermutlich bald nach den darin geschilderten Begebenheiten aufgesetzt. Gleichzeitig sei auf einen Schreibfehler aufmerksam gemacht, den auch Aschbach

für dasselbe nachgesucht. Er mag mit seinen 12 Genossen, bis er 57 mit dem Bau der Kirche begann, von welchem Zeitpunkt an man doch wohl erst von der Gründung der Abtei sprechen darf, im alten castrum gewohnt haben, bis es ihm 57 gelang, das viel geeignetere Land im Tauberthal von Kurfürst Arnold zu erhalten.

Wir haben also als **Stiftungsjahr** das Jahr **1149**, als das **Entsendungsjahr** der ersten Mönche aus Maulbronn das Jahr **1151** und als das **Gründungsjahr**, in welchem mit den Bauarbeiten begonnen wurde, das Jahr **1157** anzusehen.

Ueber die Stifter der Abtei sind eine Reihe Nachrichten vorhanden. In der Urkunde des Abtes Diether von Maulbronn über die Entstehung des Klosters wird mitgetheilt: „notum fieri volumus, quod Dominus Billungus de Lindenvels et Dominus Erleboldus de Krensheim[1]) una cum Domino Sigeboddo de Zimbern fundum in Brunnbach — legitime delegaverunt".

In dem Privilegium[2]) des Papstes Hadrian IV. (1154—59), worin er das Cistercienserkloster Bronnbach in den Schutz des apostolischen Stuhles nimmt, werden angeführt: „Ex dono Bilungi de Lindenvels, Sigeboldi de Zimmern et Beringerii de Gamburg castrum Brunnebach cum appenditiis suis cultis et incultis. Ex dono Arnoldi Moguntini Archiepiscopi Altenbrunnebach. Ex dono Bilungi villam, que vocatur Meissenheim et villam Dietenhusen. Ex dono comitis Wolframi de Wert-

---

übersehen und abgedruckt hat. Das Privilegium des Papstes Alexander III. ist datiert vom 25. Mai 1188, Alexander hat aber nur bis 81 regiert. Ausserdem heisst es: „im neunzehnten Jahre seines Pontificats," nun ist er 1159 auf den apostolischen Stuhl gelangt, es muss also offenbar 1178 heissen, der vatikanische Schreiber hat eben ein X zuviel hingesetzt. Aschbach hat den Fehler auch in der Ueberschrift beibehalten und von ihm haben es dann andere übernommen.

[1]) Krensheim, ein Dorf in der Nähe von Lauda.
[2]· Org. in Wertheim, abg. bei Aschb. a. a. O. pag. 6 d. d Anagne 17. Aug. 1159.

heim, villam Lullenseit et Fallebrunne. Ex dono Moguntini Archiepiscopi predium quod dicitur Brunnebach.

In einer Urkunde[1]) Barbarossa's werden dieselben Stifter, wie in der adrianischen genannt, doch ist noch eine Adele,[2]) Schwester der Grafen Wolfram und Diether von Wertheim erwähnt, welche ein Talent jährlich von ihren Gütern in „Slierbach"[3]) stiftete. Die historia domestica führt auch noch als „documentum domesticum" einige Verse auf, welche sie selbst „versus corruptos, vulgo Knittelverse", und versus miseros" nennt, sie sind auch recht miserabel. Die hist. dom. giebt sie jedoch nur unvollständig wieder.

Primitus hic vere Brunnbach fundumque dedere
Est Erleboldus de Trense[4]) sic vocitatus
Atque Sigeboddo, Deageboddo duo fratres
De Cimbern sati, praecelso sanguine nati.
Quisque terens fundum, cupiens hic linquere mundum,
Qui tibi donare, pro dictis saepe precare. —

Wibel[5]) führt dieselben Verse an, doch um zwei Zeilen bereichert und mit einigen Abänderungen, die ursprünglich sein dürften: „Dessen Stifter (scil. des Klosters Bronnbach) sind in den alten Versen, die bey der Kyrche zu lesen,[6]) angezeigt:

---

[1]) Org. in Wertheim, abg. bei Aschb. a. a. O. pag. 8 d. d. Würzburg 14. Juni 1165.

[2]) Wie aus andern Urkunden hervorgeht, war sie die Gemahlin des Grafen Diether.

[3]) Dies Slierbach ist nicht das Dorf in der Nähe von Heidelberg, sondern ein nach diesem genanntes, welches Bilungus von Lindenfels, er stammt nach Diacon Bauer aus Schlierbach, gegründet und nach seinem Heimatsort genannt hatte. Beissel nennt ihn „Billungus aus Worms". In der vita des Abts Wigand von Bronnbach wird allerdings ein „Bilungus de Wormatia" genannt, doch ist es wohl nicht derselbe, da sonst wie bei dem gleichfalls genannten Sibodo, „unus fundatorum" dabei stünde.

[4]) Trense = Krensheim.

[5]) „Hohenlohische Kyrchen und Reformations Historie etc. ans Licht gestellt von M. Johann Christian Wibel, Onolzbach 1752" pag. 108.

[6]) Jetzt nicht mehr vorhanden.

Primitus hic vere Brunnbach fundumque dedere
Quatuor inuicti, venerando semine dicti: | Die beiden feh-
Primus Billungus de Lindenfels que secundus | lenden Verse.
Est Erleboldus de Krensheim sic vocitatus
Atque Sigebodo ac Acebodo, duo fratres
De Cimbern fati, praecelso sanguine nati
Quisque teris fundum, cupiens hinc linquere mundum
Qui tibi donare, pro dictis saepe precare." —

Diese zweite Version ist schon deshalb die richtigere, weil in der andern Billungus von Lindenfels, der in allen übrigen Urkunden erscheint, ausgelassen ist, trotzdem die hist. domest. selbst die Verse mit den Worten einführt: „quatuor (scil. fundatores) se produnt". —

Ueber die Familienverhältnisse der Stifter hat H. Bauer,[1]) Diaconus in Aalen, Untersuchungen angestellt, in deren Verlaufe er zu dem Resultate naher Verwandtschaft aller weltlichen Stifter kam. Bronnbach ist demnach ursprünglich eine Familienstiftung, denn wenn auch der Verwandtschaftsgrad, wie ihn Bauer hypothetisch annimmt, nicht der richtige sein sollte, so ist doch die Thatsache selbst erwiesen. Bauer scheint die unten angezogene Urkunde aus dem Schenkungsbuche des Klosters Eberbach nicht gekannt zu haben, die einen Teil seiner Geschlechtstafel bestätigt. Es wäre auch wunderbar, wenn vier nicht verwandten Edelleuten eine gemeinsame Besitzung gehören sollte, solche Verhältnisse sind doch nur die Folge von Vererbung.

Uebrigens sollen alle vier Ritter im heiligen Lande gefallen sein und keiner seine Ruhestätte in der Bronnbacher Kirche gefunden haben. Bauer stellt für die hier betheiligten folgenden Stammbaum auf:

---

[1]) In den Schriften der Altertums- und Geschichtsvereine zu Baden, III. Jahrgang, Karlsruhe 1847, pag. 63, unter dem Titel: Beiträge zur Geschichte von Lauda Grünsfeld und Gamburg.

Sigeboto
Trageboto 1091
Beringer de Gamburg 1139[1]) et frater Trageboto (de Cimbern) 1139[1])

Erlebold de Krensheim, † 1157	Beringer de Gamburg	Schwester uxor Bilungi de Lindenfels 1157—65	Sigebodo de Cimbern uxor comitissa de Wertheim.	Dragebodo (de Engilstat)[2]) 1155—80 uxor Adele.

Bilungus von Lindenfels wäre demnach der Schwager der beiden Brüder von Zimmern, während Erlebold von Krensheim ihr Vetter war. Derselbe starb zeitig, 1157, und so erscheint sein Bruder und Erbe Beringer von Gamburg an seiner Stelle in den Urkunden.

In einem um das Jahr 1220 geschriebenen Schenkungsbuche[3]) des Klosters Eberbach findet sich eine aus dem Jahre 1173 stammende „Descriptio possessionum in agris etc. ad Gebenbrunnen[4]) pertinentibus", in welcher eine Bestätigung eines Teiles obigen Stammbaumes enthalten ist: „Post mortem autem amborum, Ditheri[5]) scil. et Adele, Dominus Sibodo de Cimbren, qui filiam eorum duxerat, cepit nos gravare."

Wir haben schon oben gesehen, dass bald in den ersten Zeiten Unterbrechungen bei der Ausführung des Kirchenbaues stattfanden und zwar schon unter dem ersten Abte. Dieser Reinhard von Frauenberg war Profess des Klosters Waldsassen und hielt sich zur Zeit der Stiftung Bronnbachs in Maulbronn auf („qua de causa ignoratur"). Er wurde mit 12 Genossen von Diether, dem derzeitigen Abte von Maulbronn, zur

---

[1]) Vergl. Ussermann, pag. 34.
[2]) Engilstat, das nächste Dorf von Zimmern, am selben Bache gelegen.
[3]) Abg. bei Wenck, Urkunden zum II. Band der hessischen Landesgeschichte, pag. 113 ff.
[4]) Gebhorner Hof.
[5]) Dither, der schon erwähnte Graf von Wertheim, also Adele seine Gemahlin, nicht Schwester.

Erbauung der neuen Niederlassung nach Bronnbach gesandt. Noch vor 1157 soll er nach der hist. domest. seiner Würde entkleidet worden sein wegen seiner Anhänglichkeit an Friedrich den I., doch fügt der Verfasser, der letzte Abt Göbhardt, eine Entschuldigung seines Verhaltens an. Danach soll er ein Verwandter des Kaisers gewesen sein (?), dann hätte ihn auch die Dankbarkeit zur Parteinahme für denselben bewogen, der ja das Kloster Bronnbach von jeder Steuer und Abgabe befreit habe[1]), ferner hätte der Mainzer Kurfürst, jener „singularis benefactor" sich ebenfalls gegen den Papst erklärt. Dann zählt Göbhardt die Verdienste Reinhard's um das Kloster auf: dass er die Bulle Friedrich I, dann die Bestätigung von Papst Eugen III[2]) vom Jahre 1152, die erneute Bestätigung von Papst Hadrian IV[3]) erlangt habe. Ferner habe er bei seinem „hohen Gönner", dem Erzbischof von Mainz, die Schenkung von Altenbrunnebach bewirkt. Er schliesst: Alexandro III., summo pontifici, hunc Reinhardum percharum fuisse, varia et insignia privilegia ab eodem obtenta manifeste produnt." — Hier steht nun der Verf. völlig im Widerspruch mit den Angaben, welche er im Eingang über Abt Reinhard und die Gründung der Abtei machte. Er erzählte dort, dass im Jahre 1151 Reinhard „pro exstruendo hoc monasterio" von Diether nach Bronnbach geschickt wurde. Einige Zeilen tiefer heisst es: „Exturbato e monasterio Reinhardo ... exstructio anno 1157 continuata est". Er wäre also Abt in Bronnbach gewesen von 1151—57. Dann fiele nur die einzige Urkunde von Papst Eugen (1152) in den Bereich seiner Amtsdauer. Ferner hat Papst Alexander III. von 1159—81 regiert, in Folge dessen kann Reinhard nicht schon im Jahre 1157 wegen Parteinahme gegen diesen Papst seiner Würde entkleidet worden sein. Am allersonderbarsten

---

[1]) Durch die oben angezogene Urkunde vom 14. Juni 1165.
[2]) Org. in Wertheim, abg. bei Aschbach a. a. O. d. d. Laterani, 11. Januar 1152.
[3]) Org. in Wertheim, abg. bei Aschbach a. a. O. d. d. Anagne, 17. August 1159.

aber ist, dass er diesem Papste „percharus" sehr lieb gewesen sei, gegen den er sich doch aufgelehnt hat. Wie wir oben nachgewiesen haben, ist aber der Beginn des Baues auf 1157, dem urkundlichen Schenkungsjahre von Altenbrunnenbach zu setzen und müssen wir die Vertreibung Reinhard's und damit das Aufhören der Bauten auf die Mitte der sechziger Jahre verlegen. Der Streit zwischen Kaiser und Papst erreichte im Jahre 1165 sein Ende, wir können daher die Unterbrechung der Bauten 1165[1]) annehmen. Dann fallen auch die Privilegien Friedrichs und Hadrians in die Amtsdauer Reinhards. Die percharitas Alexanders bleibt allerdings unaufgeklärt.

Der Abtei war ein langes Leben beschieden, sie blühte 646 Jahre bis in unser Jahrhundert hinein, wo sie durch den Reichsdeputationshauptschluss an das fürstliche Haus Löwenstein-Wertheim-Rosenberg kam. Ueber die ersten Jahrhunderte sind leider nur wenige Nachrichten und Urkunden erhalten und diese wenigen beziehen sich nur auf Schenkungen, Ankäufe oder Tauschgeschäfte. Der grösste Teil des Klosterarchivs ist im dreissigjährigen Kriege zerstört worden. In Erwerbung und Befestigung von Macht und Reichtum, in der Cultur des Bodens und seiner Bewohner mögen diese ersten Zeiten ruhig dahingeflossen sein. Erst die gewaltigen Bewegungen des 16. Jahrhunderts warfen ihre Wogen auch in das stille Tauberthal und zu Zeiten war die Existenz der Abtei Bronnbach aufs Aeusserste gefährdet. Ein im Besitz der Stadt Wertheim befindliches sog. braunes Buch giebt uns die früheste Kunde von einem kriegerischen Ereigniss, durch welches die Abtei betroffen wurde. Es schildert den Bauernkrieg und sagt auf pag. 654:

„1525 hatt der Baurenkrig sich erhoben. Brant unser G. Her Jörg Höffelt aus, blundert Reicholzheim, closter Brunbach, Grunach und Holtzkirchen wordt verwüst." Dies dürfte

---

[1]) Die dem Reinhard gewährte Bulle Barbarossa's datiert vom 14. Juni 1165.

sich doch wohl anders zugetragen haben. Graf Georg II. (1509—1530) war allerdings einer der Herren,[1]) welche die Partei der Bauern ergriffen und die 12 Artikel annahmen, doch that er dies kaum aus freiem Willen. Er schloss sich den Bauern erst an, als diese nach der Einnahme von Rothenburg a. T. sich seinem Gebiete näherten. Auf die Kunde vom Heranrücken der Bauernhaufen — sie zogen die Tauber herauf — erhoben sich auch die Wertheimischen Landleute und von ihnen mögen jene Excesse begangen worden sein, die das braune Buch dem Grafen Georg zur Last legt. Georg starb 1530, nachdem ihm kurz vorher ein Sohn, Michael, geboren war. Dieser Michael hat von allen Wertheimer Grafen am schwersten in die Geschicke des Klosters eingegriffen. Seine beiden Vormünder, Graf Wilhelm von Eberstein und Schenck Wilhelm von Limpurg wie auch seine Mutter waren der Kirchenreformation sehr zugethan und so wuchs er von Kindheit an in diesen Anschauungen auf. 1544 bezog er die Universität Wittenberg und verkehrte dort freundschaftlich mit Luther. Später ging er nach Leipzig, wo ihn Melanchthon, der ihn „wahrhaft väterlich" liebte, öfters besuchte.

1548 (oder 49) übernahm er die Verwaltung seiner Grafschaft. Seine Vormünder hatten mit Bronnbach Streitigkeiten, in die er jetzt eintrat. Voll bestand er auf seinen Rechten als Schutzherr des Klosters. Kaiser Karl V. hatte alle Wertheim'schen Klöster in den Schutz der Grafen gestellt (durch 3 Urkunden 1541 und 48). Die Convente sträubten sich gegen die Ausübung des Schatzungs-, Atzungs-, Lagerungs- und Schlüssel-Rechts durch den Grafen. Schliesslich gab Bronnbach unter seinem 39. Abte, Marcus,[2]) nach.

In dem Nachfolger dieses Letzteren fand der Graf dann

---

[1]) Wie Götz von Berlichingen u. a., der übrigens ein Vasall der Wertheimer Grafen war.

[2]) Die hist. dom. behauptet, dass dieser Abt Mitvormund des Grafen Georg gewesen sei. Aschb. führt ihn nicht an, wohl blosse Klostertradition. Die Angaben der hist. dom. — der Beissel'schen Quelle — sind überhaupt nur mit einer gewissen Vorsicht zu benutzen, wie wir

einen der Reformation geneigten Mann, durch den er den neuen Cultus sogar in Bronnbach selbst einführen konnte. Abt Marcus starb 1548, ihm folgte Clemens Leusser, eine für die Geschicke des Klosters folgenschwere Wahl. In der hist. dom. fängt seine vita an:

„Clemens Leusser, Hardheimensis, infausto sidere natus, monasterium suum quidem aliquamdiu viriliter defendit ope praesertim Michaelis comitis Wertheimensis...." und zwar gegen den Würzburger Bischof wegen einer Contribution von 5000 fl. und wegen der Aufnahme von Armenkindern in das Kloster. Er war mit Michael befreundet und hatte das Kloster verlassen und seinen Convent aufgelöst, wohl nicht allein auf des Grafen Veranlassung. In der vita seines Vorgängers Marcus wird Leusser folgendermassen charakterisiert: „Interim multo favore prosecutus, est (scil. Marcus) Clementem Leusser, suum tunc temporis bursarium, cujus consiliis in diversis causis utebatur; etiam nemo negaverit, Clementem fuisse sagacis ingenii, virum, qui durante sui bursariatus munere multa pro monasterii utilitate praestitit. In sua (scil. Clementis) biographia — quod notari meretur — summo encomio ornat antecessorem suum, tam quoad pietatem quam benignitatem, a tam pessimi furfuris homine autem laudari, vix non in opprobrium cadit et dubium sane emergit, num non ipse Marcus quoad mutandam religionem titubaverit, quae sine ejus honoris praejudicio problematice dicta sunto."

Im Jahre 1556[1]) verliess Clemens Leusser das Kloster und zog, zuerst als Finanzrat des Grafen Michael nach Wertheim, wo er heiratete. 1558 bot ihm der neuerwählte Bischof Friedrich nochmals die Abtswürde an, nachdem seine „putatia

---

schon bei der Gründungsgeschichte gesehen haben. So berichtet sie auch über die Plünderung durch wertheimische Landleute (cfr. braunes Buch a. a. O.) an falscher Stelle, in der Lebensbeschreibung des eben genannten Abtes Marcus, der 27 zur Abtwürde gelangte, während die Plünderung unter Abt Johann VI. im Jahre 25 stattfand.

[1]) Nicht 53, wie Beissel sagt.

uxor" — was Beissel so trefflich mit „Ehemensch" verdeutscht — nach kurzer Ehe gestorben war. Er lehnte jedoch ab. Dann wurde er Amtmann, erst in Wertheim, später in Laudenbach, wo er 1572 starb, nachdem er noch einmal geheiratet hatte („amissa uxore prima, secunda etiam vice ad desideria carnis, vel ut ajunt, vota abiisse"!).

Aschbach nennt ihn einen in Geschäften sehr gewandten Mann. Auf dem Kirchhof in Wertheim steht noch sein Grabstein mit Inschrift. Er hat seine Biographie[1]) hinterlassen.

Graf Michael richtete in dem von den Mönchen verlassenen Kloster ein evangelisches Gymnasium mit einem Lehrer und 20 Schülern ein. Gleich darauf starb er und mit ihm eine Hoffnung des Protestantismus in Franken. Bischof Friedrich von Würzburg ernannte den einzigen nicht abgefallenen Priester zum Abt und führte ihn 1559 mit bewaffneter Hand in den Besitz der Abtei ein.

Der dreissigjährige Krieg brachte abermals grosse Bedrängnisse über Bronnbach. Das schwedische Heer war 1631 nach Franken gekommen. Gustav Adolf zog am 10. November in Wertheim ein, nachdem Johann Dietrich, Graf zu Löwenstein-Wertheim-Rochefort[2]) entflohen war. Dessen Bruder, Friedrich Ludwig, Graf zu Löwenstein und Wertheim[3]), empfing die Schweden mit Freuden, beherbergte Gustav Adolf auf seinem Schlosse und liess sich von ihm Bronnbach und andere Klöster verschreiben. Vorher hatte er die Kirche und

---

[1]) Aschbach hielt sie für verloren, doch hat mir der Wertheimer Archivrat Dr. Kaufmann kurz vor seinem Tode mitgeteilt, dass dieselbe im fürstlichen Archive vorhanden sei. Einige Blätter sind, wie schon die hist. dom. angiebt, „ex zelo indiscreto" herausgerissen. Es wäre von grossem Interesse, das Leben dieses tüchtigen individuellen Menschen kennen zu lernen, von dem jetzt noch Sagen in Wertheim und Bronnbach berichten. Nach einer solchen soll er seinen Tod durch einen Sturz in den Brunnen in Wertheim gefunden haben.

[2]) Stifter der noch blühenden jüngeren oder katholischen Linie des Hauses Löwenstein.

[3]) Sohn des Stifters der noch blühenden älteren oder evangelischen Linie des Hauses Löwenstein.

die Abtei verwüstet. Drei Berichte über die bedauerlichen Vorgänge hat Dr. Kaufmann veröffentlicht.[1]) Nachdem Graf Friedrich Ludwig alles Vieh, Wein, Früchte etc. nach Wertheim geschafft hatte — das kostbare Kirchengerät war rechtzeitig nach Köln und Miltenberg geborgen worden, einen Teil davon hatten die Schweden aufgegriffen — zerstörte er die Altäre und Beichtstühle, verbrannte die Bilder und Statuen, zerstörte die Bibliothek, kurz, benahm sich wie ein Bilderstürmer ärgster Art. In der vita des Abtes Johannes IX. ist eine aus dreizehn Punkten bestehende Aufzählung der durch die Wertheimer verübten Greuel enthalten. Graf Friedrich selbst hat „im Abheben eines Altarsteins ein starckh hebeyssen miraculose potius quam suis viribus propriis manibus zerbrochen, warzu auch die freulein [2]) ihrem Bruder und Vettern treulich geholffen". Der derzeitige Abt Johannes IX. Feilzer war geflohen und kehrte erst auf seinen Posten zurück, als durch den Sieg der Kaiserlichen bei Nördlingen Bronnbach nach dreijährigem schwedisch-wertheimischen Interregnum wieder in die Gewalt des Würzburger Bischofs kam.

Dies sind die bemerkenswerthesten Ereignisse aus der Geschichte der Abtei Bronnbach. Die nachfolgende Liste der Aebte ist der hist. domestica entnommen und nach Möglichkeit durch Zurückgehen auf Urkunden und andere Quellen berichtigt und erläutert.

---

[1]) Zeitschrift für die Geschichte des Oberrheins. 34. Bd. pag. 467.
[2]) Dr. Kaufmann hat im Archiv für Unterfranken Bd. XIX. II. pag. 54 einen sehr interessanten Brief der Gräfin Katharina, einer der hier genannten „freulein", Schwester des Grafen Friedrich, veröffentlicht. Ein Bild von ihr existirt noch in dem kleinen städtischen Museum in Wertheim; auch ist ihre Mumie (das Grafen-Kätherle) in der evangelichen Stadtkirche erhalten. In Mannhardts Zeitschrift für Mythologie und Sittenkunde hat Dr. Kaufmann über sie geschrieben. Nach dem mitgeteilten Briefe stellt sie sich als geistreiches, lebenslustiges Frauenzimmer dar. Sie starb 1684 an der Pest.

Abbatium Series.

1. Reinhard oder Reginhard von Frauenberg. Ueber ihn siehe die Gründungsgeschichte. Regierte von 1151—1166.
2. Wigandus Beller. Von Abt Diether aus Maulbronn gesandt. Erwarb von einem Bilungus de Wormatia und seiner Gemahlin Irmengard einen Hof[1]) zu Würzburg. Von Graf Poppo von Wertheim den dritten Teil der Zehnten in Kleinbrunnebach und Lengfeld. Von 1166—1185? Das Todesjahr ist zweifelhaft.
3. Eberaldus de Abensberg. Er war der Empfänger des Schutzprivilegiums von Alexander III. vom 25. Mai 1178.[2]) — Starb 1188.
4. Conradus I, Edler von Dennstatt oder Dienstatt „vir optime de monasterio meritus." Er vergrösserte den Besitz des Klosters erheblich, erhielt von Heinrich dem IV. Bestätigungs- und Schutzbrief[3]) 1197 tauschte er den ganzen District, auf dem das alte Schloss Freudenberg stand, gegen den Hof Wagenbuch ein[4]) und erweiterte die Besitzungen des Klosters bis zum Dorfe Höhefeld. Von Coelestin III. erhielt er 1197 einen Schutzbrief.[5]) Er starb am 2. November 1203.
5. Rudgerus, vel Ruggerus, dictus Hess, kaufte von den Herren von Breuden mehrere Güter in Reicholzheim. Starb 1205.
6. Burkardus, aus dem edlen hessischen Geschlechte von Remrod. 1206 erhielt er von den Herren von Riedern Güter in der Breitenau und erlangte die Bestätigung[6]) derselben durch den Pfalzgrafen bei Rhein. 1214 erwarb er von den

---

[1]) Bronnbacher Hof zu Würzburg existiert unter diesem Namen noch heut, jedoch ist es fraglich, ob es dieser ist, da solche Schenkungen in Würzburg öfter vorkommen.
[2]) Nicht 1188, wie in der Urkunde selbst durch Schreibfehler — Hinzusetzen einer X — steht.
[3]) Diese Urkunde ist nicht gedruckt. S. Anhang No. 1.
[4]) Tauschbrief des Bischofs Konrad I. von Würzburg v. J. 1200 abg. bei Aschb. a. a. Orte, pag. 22.
[5]) Diese Urkunde ist nicht gedruckt, s. Anhang No. 2.
[6]) Nicht gedruckt, s. Anhang No. 3.

Herren von Tieffen, Albert und Ludwig — der letztere erhielt später locum sepulturae in Bronnbach — totam curiam (Ussermann sagt montem) Dürrbergensem et Wieneden mit allen Herrlich- Obrig- und Gerechtig- keiten. Er starb „meritis plenus" am 14. Dec. 1226.

7. Gozwinus, vel Gosswinus, nobilis a Dennstatt, Verwandter des Conrad von Dennstatt. Starb 27. Sept. 1229.

8. Conradus II. de Crutheim. In Ussermann fehlt dieser Abt. Ein Conradus de Crutheim kommt in einer Urkunde[1]) des Grafen Poppo von Wertheim vor, die Bestätigung der Entschädigung des Klosters durch 14 Morgen Weingärten. In derselben heisst es: „meum et cognati mei Comitis de Crutheim . . . . sigilla." Testes sunt: Conradus de Crutheim. Abbas de Brunnebach, etc. Diese Urkunde ist aber vom Jahre 1233, während Conrad von 1229 bis 30 (nach der hist. dom.) im Amt gewesen sein soll. Der Irrtum mag dadurch entstanden sein, dass der Punkt zwischen Crutheim . und Abbas nicht beachtet und Conrad zum Abt von Bronnbach gestempelt wurde. Es waren aber 2 Zeugen gemeint: 1. Conrad und 2. der derzeitige Abt von Bronnbach, das war Godescalcus von Steinach. — Conrad von Crutheim war also wohl nur in der Klostertradition Abt und kam zu dieser Ehre hauptsächlich wohl durch seine Verwandtschaft mit Poppo von Wertheim.

9. Godescalcus von Steinach. Bei ihm wird ausdrücklich die Entschädigung durch 14 Morgen Weinberge von Seiten Poppo's von Wertheim angeführt. Von König Heinrich VII. erhielt er 1230 ein in den schmeichelhaftesten Ausdrücken abgefasstes Privilegium.[2]) Im Jahre 1238 wurde er vom Papste Gregor IX. in eine Commission geschickt, welche darüber zu entscheiden hatte, ob der ehemalige Würzburger Bischof Bruno heilig gesprochen werden sollte. Nachdem er den Besitz seines Klosters durch Schenkungen und Käufe bedeutend vermehrt hatte, resignierte er 1245.

---

[1]) Or. in Werth. abgedruckt bei Aschb. a. a. O., pag. 28, d. d. 1233.
[2]) Abg. bei Gudenus syll. dipl. p. 592.

10. Ludovicus, Familienname unbekannt, ebenso das Todesjahr, um 1251.

11. Henricus I. aus der thüringischen Familie von Enckersberg erhielt von Innocentius IV. 1253 eine Bulle¹) gegen die Bedränger des Klosters. Resignierte 1256.

12. Conradus III. Hauck stand dem Kloster in der Zeit des Interregnums vor. Die hist. dom. klagt, dass in diesen Zeiten der kirchliche Besitz (res sacrae) dem Raube der Adeligen ausgesetzt war. Er war gezwungen, Güter des Klosters zu veräussern. Er starb 29. Oct. 1261.

13. Henricus II. „ordine quidem secundus, nomine autem adhuc primus. Derselbe Heinrich, der 1256 resigniert hatte. Er bereicherte das Kloster durch einige Schenkungen, es waren wieder ruhigere Zeiten eingetreten, und starb am 3. Mai 1282.

14. Hildebrandus von Gamburg wachte streng über die Rechte des Klosters und vermehrte dessen Schätze. Vom Grafen Rudolph von Wertheim kaufte er 1285 dessen Güter in Reicholzheim mit Ausnahme der Leibeigenen und des Strassengerichts. Er starb am 16. April 1288.

15. Wintherus, von Lebenstein kommt verschiedentlich in Urkunden vor, so Lang, reg. boic. 4, 369. Gudenus cod. dipl. 3. 715. Wibel P. II, p. 104. Er starb 1291.

16. Wilhelmus, Otterlein „in tuendis juribus acquirendisque possessionibus sat industrius." Er bringt ganz Dörlesberg in den Besitz des Klosters, indem er von Elisabeth, Wittwe des Grafen Gottfried von Hohenlohe, alle Güter, die sie dort besass, mit sämmtlichen Rechten und Leibeigenen kauft. Ferner erwirbt er Zehnten in Grünenwerth, von Graf Rudolph von Wertheim das Dorf Ebenheyd, einige Besitzungen in Allersheim, Bülffringen, Wölchingen u. a. Von Benedict dem XI. erhält er eine, vom 30. Jan. 1304 ausgestellte Bulle,²) in welcher alle Rechte und Privilegien die das Kloster von

---

¹) Nicht abgedruckt, s. Anh. No. 4.
²) Nicht gedruckt, s. Anh. No. 5.

Alexander III. erhalten hatte, bestätigt werden. Er starb im selben Jahre am 5. September.

17. **Eberhardus**, Weselin aus Randsacker. 1304 empfing er von der Regina Kunigunde verschiedene Stiftungen. Im folgenden Jahre kaufte er 2 Höfe in Pülffringen, ebenso verschiedene Besitzungen in Steinbach bei Wenckheim. Von Robert von Dürne empfing er die Bestätigung von Zehnten in Breidenau. 1307 übergab ihm Heinrich Eyer sein am Eiermarkt in Würzburg gelegenes Haus [1]) 1308 erhielt er vom Bischof Andreas Zollfreiheit beim Verkauf der Erzeugnisse des Klosters in Würzburg. Kaiser Heinrich VII. nahm d. d. Speyer 22. August 1309 das Kloster Bronnbach in seinen Schutz.[2]) Ferner empfing er noch Schenkungen von Conrad von Vehingen, Conrad von Bärberg und Graf Heinrich von Henneberg. Nachdem er noch anderweitig den Besitz des Klosters vermehrt hatte, starb er am 13. August 1315.

18. **Heroldus** aus dem bairischen Geschlechte von Blankenfels. Er kaufte in Erlenbach einen Hof neben der Brücke an der Stelle, die „zu der Krött im Bach" genannt wird. Nach der hist. dom. starb er 1318. Nach Ussermann legte er in diesem Jahre sein Amt nieder und lebte bis 16. Mai 1322.

19. **Henricus II. von Heyger** — „andere schreiben von Heygingen" — (Ussem.: von Heyringen) resignierte am 18. October 1320 und starb 14. September 1324.

20. **Joannes I.** aus dem bairischen Geschlechte von Weiler, erwarb von den Grafen von Wertheim einen Hof in Steinfurt und einige Gerechtsame in Reicholzheim und Ebenoth. Von Theodor von Düren einen Hof in Hardheim, ebendort einen andern von Heinrich Langenhund von Schweinburgh. Unter ihm wurden durch den Mönch Heinrich 2 Bücher geschrieben: „Mamotrectus, Summa virtutum et vitiorum", und „Sermones beati Bernhardi." — 1330 dankte er ab und starb am 10. August 1331.

---

[1]) Vielleicht ist dies der Bronnbacher Hof.
[2]) Diese Urkunde ist nicht gedruckt, s. Anhang No. 6.

21. Henricus III. von Nieteck (de Niethete, de Niethek) kaufte einen Hof in Bulverkem (Pülfringen) von Conrad, genannt Pfal von Rinderfelt, ferner Weinberge in Böttigheim. Resignierte 1337 und starb 1338.

22. Joannes II. Thieme machte Erwerbungen in Steinbach und Aschhausen. „Quibus consummatis viam universae carnis ingressus est anno 1338 die 30. Decembris, Ussermann fügt hinzu „resignata prius dignitate".

23. Sigfridus Dutz. Seine Amtsdauer soll in die Zeit des Schismas zwischen Papst Johann dem XXII und Ludwig dem Baiern, „qui se pro imperatore gerebat", gefallen sein.[1]) Der excommunicierte Kaiser zwang den Clerus, vor ihm die Messe zu celebrieren, auch hat er bei seinem, wie es scheint, längerem und wiederholtem Aufenthalte einen Teil des Reichtums des Klosters aufgezehrt, worüber sich Abt Sigfrid bei seinem Vorgesetzten, dem Abte Conrad von Maulbronn, beklagt. Er starb 15. Juni 1340

24. Dietericus, de Neuenstein (von andern Dietrich von Alffingen genannt) erhielt 1346 von Papst Clemens VI. die Bestätigung[2]) aller früheren Privilegien. Er starb am 17. Juli 1354.

25. Conradus IV., Fuchs von Kandenberg (bei Ussermann Landenberg)-Riedern. Er starb im Jahre seiner Erwählung am 12. December 1353.

26. Bilungus, aus dem schwäbischen Geschlecht von Hornstein. 1354 verschreibt[3]) er dem Erzbischof Gerlach von Mainz

---

[1]) Ussermann dürfte Recht haben mit seiner Angabe, dass der vorige Abt, Johannes Thieme, seine Würde schon vor seinem Tode niedergelegt habe, denn Papst Johann hat nur bis 34 gelebt und in Folge dessen muss dieser Aufenthalt des schismatischen Kaisers in Br. spätestens in diesem Jahre gewesen sein. Nach der hist. dom. ist Sigfrid 1338 oder Januar 39 zur Regierung gekommen, da ruhte der Papst Johann schon 4 Jahre im Dom zu Avignon.

[2]) Nicht gedruckt. S. Anh. No. 7.

[3]) Die Sache scheint anders gewesen zu sein. Bronnbach hatte die Herren von Külsheim und von Gamburg auf 3000 (sic!) Mark Silber Schadenersatz auf dem Landfriedensgericht in Nürnberg verklagt und Graf Eberhard schlichtete in Gemeinschaft mit Kurfürst Gerlach von Mainz und Abt Bilung. S. Aschb. a. a. O, I., 151.

eine Entschädigungssumme von gegen 1000 Mark Silber von den Herren von Külsheim und Gamburg wegen Bronnbach zugefügter Schäden und verspricht die Beitreibung dieser Summe unter Beistand des Grafen Eberhard von Wertheim. Er starb 2. Nov. 1358.

27. Henricus IV. Sein Familienname ist unbekannt, ebenso wie die genauen Daten des Anfanges und Endes seiner Amtsdauer. Die hist. dom. meint, dass das nicht zu verwundern wäre, denn die Verhältnisse im Kloster seien zu jener Zeit in solcher Unordnung gewesen, dass von 1340—60 ohne irgend welche Disciplin „quilibet suo viveret genio". Nach einer gleichzeitigen Beschreibung des damaligen Zustandes (Citat) ruft Göbhardt aus: „O über den schamlosen Anblick des zügellosen Klosters!" (Hem propudiosam monasterii dissoluti effigiem!) Henricus starb um 1360.[1])

28. Udalricus von Essingen. Er soll ein resignierter Maulbronner Abt gewesen sein. In Bronnbach resignierte er ebenfalls 61.

29. Bertoldus Küring. Der Erzbischof Gerlach von Mainz visitierte zu Pfingsten 1360 seine Besitzungen in der Nähe von Tauberbischofsheim und Külsheim und kam hierbei auch nach Bronnbach. Dort erstaunte er über den Zustand und die Armut des Klosters. Dies wollte er abstellen und berief daher den Abt Johann von Maulbronn, den Visitator Bronnbachs und Abt Reinhold von Schönthal und andere Ordensleute nach Aschaffenburg zu einer diesbezüglichen Besprechung. Das Resultat war, dass Bertoldus, der den Verhandlungen angewohnt hatte und früher Abt von Maulbronn gewesen war, diese Würde für Bronnbach erhielt. Er sträubte sich anfangs, doch als ihm der Abt von Maulbronn 2000 fl. für das Kloster vorschoss, nahm er an. Kurfürst Gerlach befreite[2]) das Kloster von jeglichem Zoll auf dem Main (1361). Durch weise Oekonomie befreite Bertold

---

[1]) Ussermann giebt nur Folgendes an: „Henricus IV. decessitiam a. 1360.

[2]) Nicht abgedruckt, s. Anh. No. 8.

das Kloster in kurzer Zeit von allen Schulden, vermehrte die Zahl der Religiösen und erwarb auch neue Besitztümer. — Als Karl IV. 1367 nach Würzburg ging und sich in Heydingsfeld aufhielt, stellte er dem Kloster eine Urkunde[1]) aus, in der alle Freiheiten, Rechte, Besitzungen und die Unverletzlichkeit des Klosters bestätigt und sogar noch vermehrt wurden. Bertoldus resignierte „in die S Barnabae" und ging nach Maulbronn zurück, wo er am 12. April 1373 starb

30. **Rudolphus**, aus dem Geschlechte Hund von Wenckheim. Er bereicherte das Kloster durch verschiedene Erwerbungen. 1374 trieb Bischof Gerhard von Würzburg ein subsidium charitativum von seinen Diöcesanen ein, um seine Kirche von Schulden zu befreien. Rudolph weigerte sich jedoch zu zahlen und erhielt bei Papst Gregor dem XI. Recht. Die Zahl der von ihm erlangten Schenkungen, Erwerbungen und Käufe ist eine überaus grosse. Im Jahre 1386 kauft er von Konrad Gren, Müller in Waldenhausen, Einkünfte von der dortigen Mühle und beginnt die darüber aufgestellte Urkunde mit den Worten: „Wir von Gottes Gnaden Abt zu Bronnbach etc." — 1394 schenkt ein Albert von Stettenberg dem Kloster mehrere von den Mönchen auf dem St. Gotthard gekaufte Abgaben in Nassach (pro pytantia?) Der thätige Mann behielt sein Amt bis ans Lebensende. Er hatte 30 Jahre regiert und starb 22. März 1404.

31. **Joannes III.** Hildenbrand aus Bischofsheim (episcopius). Er fand wegen des unermüdlichen Eifers seiner Vorgänger in Anhäufung von Gütern die Kasse beinahe leer. Trotzdem konnte er schon 1408 mit einem für die damalige Zeit grossartigen Baue anfangen. Am 25 Juni 1408. war die hölzerne Brücke über die Tauber fortgerissen worden und er begann einen aus drei Bogen bestehenden Quaderbau aufzuführen, der allen Eisgängen der Tauber bis heut getrotzt hat. Bei

---

[1]) Nicht abgedruckt, s. Anh. No. 9, in der vita Bertolds wird der Inhalt dieser Urkunde in 13 Nummern mitgetheilt.

der Verwüstung des Klosters durch Graf Friedrich Ludwig sollen auch Quadersteine aus dieser Brücke herausgerissen und das Bild des Erlösers, das dazumal auf der Brücke gestanden, in die Tauber gestürzt worden sein. Von den Zerstörungen sieht man nichts mehr, auf der Brücke steht jetzt die Statue des hlg. Nepomuck, des gewöhnlichen Brückenheiligen, wie sie auch auf der nächsten steinernen Tauber-Brücke steht und vielleicht gleichzeitig mit dieser an Stelle des abgestürzten Heilandsbildes aufgestellt wurde. Die Herstellung der Brücke kostete nach der hist. dom. 40000 fl. (?). — 1415 erhielt er von Kaiser Sigismund — vom Konstanzer Concil aus — die Bestätigung[1]) aller früheren Rechte und Privilegien. Er starb am 12. März 1416. — Auf seinem Grabsteine ist er XIII. Abt genannt, d. h. 13 der bene meritorum.

32. Joannes IV. Sigemann aus Ochsenfurt. Er gab seine Einwilligung zur Gründung eines Chor-Stiftes zu Wertheim (er war Parochialherr von Werth.) durch Graf Johann von Wertheim und dessen Gemahlin Mechtildis von Schwarzenberg, worüber Bestätigungsurkunde[2]) durch den Würzburger Bischof Johann vom Jahre 1419 vorhanden. Von Martin dem V. erhielt er i. J. 1426 eine Bulle[3]) über die Incorporation der Parochie Hochhausen. Er starb 21. Juli 1452. Auch er wird in der Grabschrift XIII abbas genannt.

33. Joannes V., Altzen oder Altzheym. Ss. theologiae doctor ejusdemque in Universitate Heidelbergensi professor publicus. 1456 liess er sich durch Pfalzgraf Friedrich den Kaufbrief von Breitenau von neuem bestätigen.[4]) Er war ein strenger Beobachter und Beschützer der Rechte des Klosters. Er starb 7. April 1459.

34. Petrus Igstatt starb nach 2jähriger Amtsdauer 17. October 1461.

---

[1]) Nicht gedruckt, s Anh. No. 10.
[2]) Abg. bei Aschb. a. a. O. pag. 109.
[3]) Nicht abgedruckt, s. Anh. No. 11.
[4]) Nicht gedruckt, s. Anh. No. 12.

35. Conradus IV., Vogel aus Lohr. Seine erste Amtsthätigkeit war die Erbauung des Peristyls. Während seiner 29 Jahre währenden Amtsdauer bereicherte er das Kloster 1487 gab Sixtus IV. den Cisterciensern die Erlaubniss, Fleisch zu essen (mit Ausnahme der moniales und conversi), „quod capitulum generale grato animo acceptavit". Conrad starb 7. Juni 1491.

36. Michael Keller. Im Jahre 1492 erlangte er vom Mainzer Kurfürsten Zollfreiheit auf dem Main. Mit dem Grafen Johann von Wertheim gerieth er in Streit. Der Wertheimer Parochie stand damals ein Johannes Friedlein vor, der, mit dem für ihn ausgeworfenen Unterhalt unzufrieden, sich beschwerdeführend an den Grafen wandte. Graf Johann ergriff seine Partei und hielt Klostereigentum zurück. Michael beklagte sich beim Generalcapitel; schliesslich beruhigte sich der Graf und der „pessimus actor". Michael verschied am 29. August 1501 und wurde im Kapitelhause begraben.

37. Joannes VI. von Boffsheim oder Bolzheim. Er kommt in einem Visitationsinstrument von Seligenthal vor, wo er XXXIV. Abt von Bronnbach genannt wird. Dies dürfte der wirklichen Anzahl der Aebte entsprechen. — Er starb am 13. November 1526.

38. Conradus V. Neiff (bei Ussermann Neuff) aus Ostheim, 24. November gewählt, resignierte am folgenden Tage. Er starb 1530.

39. Marcus Hauck. Siehe über diesen Abt den Abschnitt über den Bauernkrieg sq.

40. Clemens Leusser.[1] Siehe über diesen Abt ebendort.

---

[1] Clement Leusser zu Harten wart gebohren,
Lang hernach Apt zu Brunbach erkorn;
Ein bös vntrevs hertz thet er in im tragen,
Mit falschem Betrug u. geyzigem Magen
Evangelisch u. geistig wollt er leben;
Nachdem thut er seinen Conventbrüdern Weiber geben
Trang sie zum Closter vf die Pfarrn hinaus
Liess sie also ziehen mit ihren Weibern zu Hauss etc.

Anfang eines von einem Conventualen gedichteten Spottliedes; Fortsetzung verloren gegangen.

Dreijähriges interregnum.

41. **Joannes VII., Bleittner aus Ochsenfurt.** Es waren nach Auflösung des Conventes durch Leusser nur drei Religiosen geblieben: Der Abt Bleittner, dann Martin Schaeffer, der Oekonom des Würzburger Hofes[1]), und Joannes Knoll, parochus in Rosenberg. Martin Schaeffer starb bald und ihm folgte der Abt am 23. März 1563. Es blieb nur Knoll übrig.

42. **Joannes VIII. Knoll.** Graf Ludwig von Stolberg, der Nachfolger Michaels, des letzten Grafen von Wertheim, hatte die Klostergebäude besetzt und nur mit bewaffneter Unterstützung des Bischofs Friedrich von Würzburg konnte sich Abt Knoll in den Besitz seiner Abtei setzen. Er unterdrückte das Gymnasium, eine Stiftung Michaels, und nahm 3 neue Mitglieder in das Kloster auf. — Abt Knoll hatte 2 Töchter, Margarethe und Ursula: „hic merito suboriri posset dubium, num Joannes, qua viduus fuerit receptus in monasterium[2]) relictis suis filiabus, aut cum aliis secundum communem tunc Veneris cursum ambulaverit viam carnis." — Von den Kaisern Maximilian II. und Rudolph II. hat er Privilegien[3]) erhalten. Er resignierte 1578 und starb am 7. Juni 1582.

43. **Wigandus II., Mayer aus Amorbach.** Er reinigte die entweihte Kirche, schaffte neues Kirchengerät an und richtete auch im Innern die alte Ordnung wieder ein. Er befand sich nicht immer in Uebereinstimmung mit seinen Conventualen, die sich einmal über seine schlechte Geschäftsführung beim Bischof Julius beklagten. Nachdem er sein schweres Amt 24 Jahre getragen hatte, starb er am 23. November 1602. Er liegt in der Kirche bei dem Beichtstuhle (?) begraben.

44. **Sebastianus Udalrici aus Weckbach.** Seine Wahl fand statt am 4. December 1602. Die grosse Feier derselben war erst am 6. April des folgenden Jahres in Würzburg. In Gegen-

---

[1]) Soll wohl heissen: des Bronnbacher Hofes in Würzburg.
[2]) Was unwahrscheinlich ist, da er vorher parochus war.
[3]) Nicht gedruckt, s. Anh. No. 13, 14.

wart des Fürstbischofs Julius und neun anderen Aebte wurde die Weihe in der Universitätskirche vollzogen und er in feierlichem Zuge bis nach dem Bronnbacher Hofe geleitet. — Im Jahre 1612 machte er mit den Aebten der ganzen Diöcese dem Kaiser Mathias und seiner Gemahlin Anna „in ornatu pontificiali" seine Aufwartung (wohl in Würzburg) und liess sich von ihm alle früheren kaiserlichen Erlasse bestätigen.[1]) — Doch seine Amtsführung war eine schlechte, sodass ihn Bischof Julius 1615 wegen Rückganges der Abtei auf einige Tage auf die Citadelle Marienburg in Würzburg setzte. October 1615 musste er resignieren und wurde in das Kloster Bildhausen verwiesen. Später erhielt er die Parochie Allersheim, wo er 14. April 1627 durch einen Sturz vom Pferde starb und dortselbst begraben wurde. „Quo gloriosior ergo ejus ingressus eo funestior erat exitus. Disce mortalis spernere vana et amare coelestia" fügt der gute Göbhardt bei. —

Nach der Resignation des Sebastian wurde Jacobus Hoeffer mit der Verwaltung der Abtei beauftragt, welche er bis 1618 gut führte. Er starb 20. October 1626 in Würzburg. Sein Leichnam wurde nach Bronnbach überführt und im Peristyl begraben.

45. Joannes IX., Feilzer. Er war ein ausgezeichneter Haushalter und verminderte die Schulden des Klosters um ein Bedeutendes. Die dem Kloster gehörigen Dörfer Reicholzheim, Dörlesberg, Nassach und Ebenheyd waren zur Zeit seines Amtsantritts in fremden Händen. Durch Unterstützung des Bischofs Adolf von Ehrenberg und mit Hülfe kaiserlicher Reiter brachte er sie wieder in den Besitz des Klosters zurück, 1625. „Doch kaum waren die Dörfer wieder in den Händen der Bronnbacher, siehe da reclamiert sie der gnädige (clementissimus) Beschützer[2]) als für ihn erworben, und will den Bronnbachern, aus besonderer Beschützergnade nichts als die Erinnerung des gehabten

---

[1]) Nicht gedruckt, s. Anh. No. 15.
[2]) Der Würzburger Bischof.

Besitzes lassen. Die Würzburger, nach der gefangenen Beute sehr begierig, schickten 1630 einen schriftlichen Recess (recessum) den Bronnbachern zum Unterschreiben zu, aber die Bronnbacher, den traurigen Zustand ihres Klosters wohl erwägend und die List durchschauend, widersetzten sich dem Unterschreiben mit allen Kräften.

Da nun die Würzburger ihre Hoffnung durch einen solchen Widerstand schwinden sahen, setzten sie den Bronnbachern kräftiger mit Angriffen zu, die damals zwischen Hammer und Ambos waren, dass sie zur Aufsetzung eines anderen Recesses ihre Zustimmung gäben, welcher jedoch wegen der Nähe des schwedischen Mars (Gustav Adolf) unvollständig blieb."[1])

Am 12. October 1631 kamen Flüchtlinge (in Folge der von den Kaiserlichen verlorenen Schlacht bei Leipzig) Jesuiten aus Würzburg, die Decane der würzburgischen und bambergischen Cathedrale und viele andere durch Bronnbach, denen sich auch Abt Johann anschloss. Sie flohen in die Rheinlande. Die Schicksale der Abtei während des Schwedenkrieges sind bereits oben erzählt. 1635 war Feilzer nach Bronnbach zurückgekehrt. Er starb in Würzburg am 3. September 1637. Göbhardt nennt ihn „pacatiori tempore sane dignissimus." Er ist in der Kirche von Bronnbach prope gradus presbyterii begraben.

46. Joannes X, Thierlauff. Er wurde gewählt am 22. September 1637. Einen in der Zeit der Schwedenbedrängniss nach Wien geflohenen Professor, der dort im Kloster vom heiligen Kreuz Aufnahme gefunden und sich in der Zeit des Exils den theologischen Doctorgrad erworben hatte, Friedrich Gros, rief er nach Bronnbach zurück. Er bemühte sich, die zerstreute Klostergemeinde wieder zusammen zu bringen. Der Tod ereilte ihn am 21. April 1641, und wurde er in der Kirche an den Stufen des Presbyteriums begraben.

---

[1]) Nach Mone, Quellensammlung der badischen Landesgeschichte 1, 108 ff., 211, that es, ebenso wie es hier der Bischof von Würzburg mit Bronnbach versucht, die Bischöfe von Konstanz mit Reichenau, die von Speier mit Weissenburg und versuchten es mit Sinsheim und Odenheim.

47. Fridericus Gros, aus Tauberbischofsheim, Dr. der Theologie, gewählt am 14. Mai 1641. Einige der jüngeren Klostergenossen schickte er zu ihrer Ausbildung auf die Universität nach Würzburg. Für den von den Protestanten zerstörten Chor errichtete er einen neuen. Da er seiner Geschäftstüchtigkeit nicht traute, glaubte er das Kloster mit seiner grossen Schuldenlast nicht länger leiten zu können und legte sein Amt nieder, 1647, nachdem er sich eine jährliche Pension ausgemacht hatte. Am 26. März 1657 starb er und ist im Schiff der Kirche bei der Kanzel beigesetzt.

48. Valentinus Mammuel aus Mellerichstadt. — Gegen Wertheim hängte er einen Process an beim kaiserlichen Kammer-Gericht in Speier wegen Besetzung von Klostergütern. 1672 wurde das Urteil gefällt, dass die Dörfer — es waren wohl dieselben, um welche Abt Feilzer gestritten hatte — dem Kloster zurückgegeben werden sollten. Doch hat der Process viel Kosten verursacht. Zwei Mal begab er sich deswegen nach Speier. Er wird „optime meritus" genannt, besonders, weil er die alte Klosterzucht wiederherstellte. 1670 resignierte er und starb am 18. Februar 1672.

49. Franciscus Wundert aus Grünsfeld. In der hist. dom. wird ihm eine lange Lobrede gehalten, ohne dass irgend eine Begebenheit aus der Zeit seiner Amtsthätigkeit mitgetheilt wird. Ja selbst der Ueberfall durch Turenne'sche Reiter im Spätsommer 1673 ist nicht erwähnt. Eine gleichzeitige „Relation vber den Frantzösischen Vberfall in dass Gottesshauss Brunbach so beschehen den 20 7bris 1673" hat Dr. Kaufmann im Archiv für Unterfranken Bd. XIX, pag. 193 veröffentlicht. Abt Wundert, oder der Prälat, wie er in dieser Relation genannt wird, hatte sofort nach dem Erscheinen der Feinde seine Person in Sicherheit gebracht. Das Kloster hat damals grosse pecuniäre Einbusse erlitten. Abt Wundert starb am 10. September 1699. Er wird als zweiter Stifter der Abtei gepriesen.

50. Josephus Hartmann aus Grünsfeld. Unter glücklichen Umständen übernahm er sein Amt. Die letzen 25 Jahre der

Regierung des vorigen Abtes waren in erspriesslicher Thätigkeit dahingeflossen und so konnte Abt Hartmann auch für den Glanz seiner Kirche bedacht sein. Er schmückte sie mit dem Hauptaltar und im Schiff mit vier anderen Altären. Er erbaute das Krankenhaus (domus infirmorum) und den Sommersaal;[1] ferner ein Haus für die Werkleute mit einem geräumigen Weinkeller. Ausserdem legte er Gärten und Weinberge an. Er starb am 19. December 1724.

51. Engelbertus Schaeffer aus Grünsfeld, der heiligen Theologie Dr. und ausgezeichneter Redner. Er sandte mehrere seiner Untergebenen zu ihrer Ausbildung nach Würzburg. Den von seinem Vorgänger begonnenen Sommersaal brachte er glücklich zu Ende und pflanzte davor einen neuen Garten. Das innere neue Thor, auf welchem das Bildniss des hlg. Bernhard steht, und eine Reihe von Wirtschaftsgebäuden rühren von ihm her. 1751 feierte er das sechshundertjährige Jubiläum der Gründung der Abtei Bronnbach mit vielem Aufwande. Im nächsten Jahre am 21. August starb er.

52. Ambrosius Balbus aus Volkach. Er kaufte das Gut Messhof von den Herren von Bettendorf und das Dorf Rutschdorff von den Herren von Zobel. Die Kirche bereicherte er durch ein neues Chorgestühl und ein auffallend schönes, mit der Nadel gestochenes Ornat. Sein Amt legte er nieder am 27. Juni 1783 und starb am 11. Juni 1794. Seine letzte Ruhestätte hat er in der Kirche bei den Stufen des Thaddäus-Altars gefunden.

Bis dahin ist die historia domestica von Göbhardt geschrieben. Der letzte Abschnitt derselben, überschrieben: „Henricus V, abbas LIII Bronnbac.", ist von einem andern Verfasser.

---

[1] Sala aestivalis, von den Cisterciensern, wenigstens in Maulbronn, auch Rebenthal genannt, es ist der obere Saal im Doppelrefectorium, nach dem Erbauer und nach seinem Bilderschmucke auch Josephsaal genannt, dessen Fresken nun leider dem Untergange geweiht sind.

53. Henricus V., Goebhardt, der Verfasser der hist. dom. und letzte Abt von Bronnbach. Er stammt aus Bamberg, wo er den ersten Unterricht bei Andreas Sulmann genoss, studierte Philosophie und Theologie in Würzburg besonders bei den Professoren Barthel und Sündermahler, dann widmete er sich noch 2 Jahre dem Studium der Rechte. Am 4. April 1764 trat er in das Kloster ein. Als Abt hielt er die jüngeren Mönche zum Studium an. Durch den Reichsdeputationshauptschluss vom Jahre 1803 kam die Abtei an das fürstliche Haus Löwenstein,[1]) obgleich Göbhardt sich bemüht hatte, die Abteigebäude als katholisches Gymnasium zu erhalten. — Er verliess das Kloster am 30. April 1803 multo cum moerore, nachdem er sich noch eine jährliche Pension von 3000 fl. ausbedungen hatte.

Anhang.

Unedierte Urkunden zur Geschichte der Abtei Bronnbach aus dem fürstlich Löwenstein-Wertheim-Rosenberg'schen Archiv zu Wertheim,

1. Bestätigungs- und Schutzbrief Heinrich IV. aus den 90er Jahren des XII. Jahrhunderts.
2. 1197. Privilegium Coelestin III.
3. 1206. Bestätigung von Gütern in Breitenau durch den Pfalzgrafen bei Rhein.
4. 1253. Bulle Innocenz IV. gegen die Bedrücker des Klosters.
5. 1304. Bulle Benedict XI., Bestätigung der alten Privilegien Alexander III.
6. 1309. Schutzbrief Kaiser Heinrich VII.
7. 1346. Bestätigungsurkunde Clemens VI.
8. 1361. Zollbefreiung auf dem Main von Kurfürst Gerlach von Mainz.
9. 1367. Bestätigungsurkunde von Karl IV. Heydingsfeld.
10. 1415. Bestätigungsurkunde von Kaiser Sigismund. Konstanz.
11. 1426. Bulle Martin V. Incorporation von Hochhausen.
12. 1456. Erneute Bestätigung der Güter in Breitenau durch Pfalzgraf Friedrich.
13. 1612. Bestätigungsurkunde durch Kaiser Mathias.

[1]) Löwenstein-Wertheim-Rosenberg.

Der 1893 verstorbene Archivrat Dr. Kaufmann hatte die Güte, mir nachfolgendes vor nunmehr 40 Jahren an ihn gerichtetes Schreiben mitzutheilen:

Verehrter Herr!

Es wird Ihnen sonderbar vorkommen, aber es ist ein Factum, dass im Frühsommer dieses Jahres die Kirche von Bronnbach durch meinen älteren Sohn auf einer Primanerferienreise durch Deutschland entdeckt worden ist. Sein Bericht darüber regte mich so an, dass ich beschloss, Wertheim und Bronnbach, als ich meine Frau bald darauf nach München begleitete (zu meinem Schwiegersohn Paul Heyse) selbst zu besuchen und zu untersuchen. Mein Aufenthalt in München nahm aber meine freie Zeit hin. Ich schrieb daher an Freund R. Lucae, der auf Reisen war, er möge doch, wenn möglich, diese Untersuchung vornehmen. Er ist denn auch dort gewesen, hat in Wertheim Ihre Bekanntschaft gemacht und mir ein Paar flüchtige Skizzen der Bronnbacher Kirche mitgebracht. Daran ersehe ich nun, dass in der That diese Kirche äusserst merkwürdig und eigentümlich ist, von grosser Bedeutung für die deutsche Baugeschichte und dem Anschein nach ein förmliches Unicum.

Ich hätte nun aber in Betreff ihrer weitere Wünsche und ich glaube mich deshalb an Ihre Güte wenden zu dürfen. Eine erste Frage ist, ob historische Nachrichten über das Gebäude zu ermitteln sind und ob Sie mir dieselben mittheilen können. Eine zweite: ob Sie im Stande wären, ein Weiteres über die bauliche Beschaffenheit der Gebäude und [1]) darüber, ob der innere Ausbau ein Guss ist oder ob sich vielleicht (wie es nicht ganz selten der Fall ist) ergeben hat, dass über einer stehen gebliebenen ältern und einfachern Anlage ein innerer Ueberbau gekommen ist, etwa in jüngerer Anlage der Gewölbe und der dieselben stützenden Bauglieder. (Man pflegt Letzteres — z. B. den späteren Ansatz der die Gewölbe tragenden Säulen an die Pfeiler, nicht allzu schwer erkennen zu können.) Ich schreibe soeben eine Geschichte der Baukunst (8 Lieferungen sind bereits im Druck erschienen) und es würde mir dabei nur erfreulich sein können, hierbei auch Bronnbach an gebührender Stelle einzureihen. Eine baldgütige Auskunft würde mir daher doppelt erfreulich sein. Ich schmeichle mir — wie Sie mir nicht ganz fremd sind — so auch meinerseits als kein ganz Fremder zu Ihnen zu treten und daher einer geneigten Aufnahme meiner Bitte versichert sein zu dürfen.

Mit aufrichtiger Ergebenheit

F. Kugler,
Geheimer Regierungsrath.

Berlin, den 10. October 55
Friedrichstrasse 242.

---

[1]) Durchgestrichen, unleserlich.

Kunsthistorischer Teil.

Die Abtei Bronnbach liegt an der Tauber, ungefähr zwei Meilen von dem, am Einfluss der Tauber in den Main gelegenen Wertheim. Sanft ansteigende Berghöhen, zum Teil noch bewaldet, begleiten die beiden Ufer des Flusses. Jetzt führt die Eisenbahn durch das Thal, jedoch auf der linken Flussseite, während die Abtei auf der rechten liegt, sodass der von Bäumen verdeckte Bahnhof Bronnbach den Gesammteindruck des lieblichen Landschaftsbildes nicht stört. — Von der Bahn aus gelangt man über die im Jahre 1408 erbaute mächtige steinerne Brücke auf das jenseitige Klostergebiet und geniesst von derselben jetzt noch im Grossen und Ganzen denselben Blick auf die Abtei, den Merian in einem seiner Stiche festgehalten hat. Es ist ein massiver Gebäudecomplex, den wir vor uns sehen, aus welchem die Kirche, in einfachen, würdigen Formen gehalten, sich bedeutsam hervorhebt. Sie ist der einzige Bau, der auch heute noch dem Zwecke dient, zu welchem er errichtet wurde. Das an die Kirche im Süden anstossende Abteigebäude, jetzt „Schloss Bronnbach" genannt, ist der Wohnsitz Ihrer Königlichen Hoheit der Frau Herzogin von Braganza, durch welch glücklichen Umstand er vor Profanirung und Verfall geschützt ist, während die übrigen Bauten, die landwirtschaftlichen oder industriellen Zwecken dienen, in Bezug auf ihren Inhalt an Kunstschätzen einer völligen Verwahrlosung preisgegeben sind. So wird das frühere Sommerrefectorium, der mit schönen Fresken geschmückte, nach seinem

Erbauer genannte Josephssaal, eine Schöpfung des prachtliebenden Abtes Josephus Hartmann (1699—1724) seit Jahren als Kornspeicher benutzt und die hellen lebhaften Farben, in welchen die Darstellungen aus dem Leben des (biblischen) Joseph ausgeführt sind, bedeckt eine dicke Staub- und Mehlschicht.

Wir wenden uns zunächst der Abteikirche zu, die innerhalb der deutschen Cistercienserkirchen eine gesonderte Stellung einnimmt und bisher von der kunsthistorischen Forschung wenig Beachtung gefunden hat.

Beschreibung des Baues.

Die Form, in welcher die Kirche sich uns heute darstellt, entspricht in ihren Hauptgliedern fast völlig der ersten ursprünglichen Anlage. Es sind nur geringe Aenderungen eingetreten; so fehlt das Paradies, hinzugekommen dagegen sind die Strebepfeiler und die Gewölbe der Seitenschiffe, die Ostkapellen wurden verkleinert, sonst ist der alte Bau noch vollständig erhalten, der im Jahre 1157 begonnen und um 1200 beendet wurde. Es ist dies ein besonders günstiger Umstand, der der Bronnbacher Kirche einen erhöhten kunsthistorischen Wert verleiht.

Wie bei den meisten Cistercienserklöstern liegt auch in Bronnbach die Kirche im Norden der Gesammtanlage.[1]) Ihr Grundriss[2]) zeigt das einfache Kreuzschema mit vorspringendem Chor, halbkreisförmiger Apsis und, an jedem Kreuzarm, zu beiden Seiten des Altarhauses, je zwei nach Osten liegenden

---

[1]) In Maulbronn ist dies ausnahmsweise nicht der Fall. Wie Dohme (Die Kirchen des Cistercienserordens in Deutschland etc.) nachgewiesen hat, hat das Filiationsverhältniss keinen Einfluss auf die Bauweise.

[2]) Siehe Beilage I.

BRUNNBACH

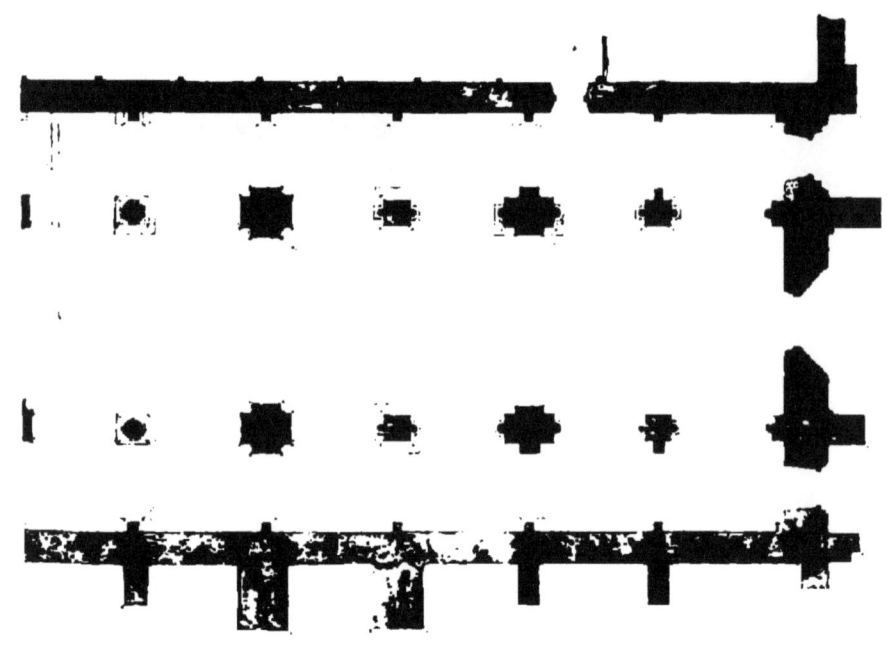

Kapellen. Dehio und von Bezold[1]) haben die Cistercienserkirchen nach denen des Mutterklosters und der vier Töchter schematisiert und danach entspricht Bronnbach völlig dem Schema Morimond II., das sich in Deutschland nur noch in Altenberg nachweisen lässt. Nun ist aber, nach Dubois, der Grundstein zu Morimond II. erst im Jahre 1230, also mehr als siebzig Jahre nachdem der Bau der Bronnbacher Abteikirche begonnen war, gelegt worden: Morimond II. kann also unmöglich als Vorbild gedient haben! — Dubois behauptet, dass Morimond II. nur ein vergrössertes Abbild von Morimond I. gewesen ist, eine Hypothese, welcher sich Matthaei[2]) anschliesst und die hierdurch eine auffallende Bestätigung findet.

Wir sind hiernach einigermassen berechtigt, als Vorbild für Bronnbach die völlig unbekannte Kirche Morimond I. anzunehmen, welche nunmehr aus ihrem Sprössling reconstruiert werden kann.[3]) Bronnbach wird allerdings auch andere Einflüsse erfahren haben, doch dürfte das eben Gesagte für den Grundriss wohl gültig sein.

Wie wir aus dem historischen Teile ersahen, haben die Bauarbeiten im Jahre 1166 eine Unterbrechung erfahren. Die erste Bauperiode unter Abt Reinhold umfasst den Chor und das Querschiff mit den Kapellen. Diese letzteren wahrscheinlich in der Form, wie untenstehender Rekonstruktionsversuch der Bauteile der ersten Periode sie wiedergiebt. Ob auch die Fundamente des Langschiffes aus dieser Zeit stammen, lässt sich jetzt ohne Ausgrabungen nicht feststellen.

Die Apsis war bis zu dem oberen romanischen Kranzgesimse fertiggestellt. Ihr äusserer Aufbau ist in zwei Teile geteilt, der untere, in glatten Quadern aufgeführt, war mit vier Lisenen geschmückt, denen im oberen, jetzt geputzten

---

[1]) Die kirchliche Baukunst des Abendlandes. I. Bd. pag. 527 ff.
[2]) Beiträge zur Baugeschichte der Cistercienser Frankreichs und Deutschlands mit besonderer Berücksichtigung der Abteikirche zu Arnsburg in der Wetterau von Dr. Adelbert Matthaei. Darmstadt 1893. Verlag von A. Bergstraesser.
[3]) Eine Ansicht, die Matthaei in ebengenanntem Werke äussert.

Teile, Pilaster, resp. Halbsäulchen entsprachen. Die Kapellen reichten, wie aus der Skizze ersichtlich, um mehr als das Doppelte weiter nach Osten, als die jetzigen, in gotischer Zeit errichteten. Sie wurden wahrscheinlich bei der Verwüstung

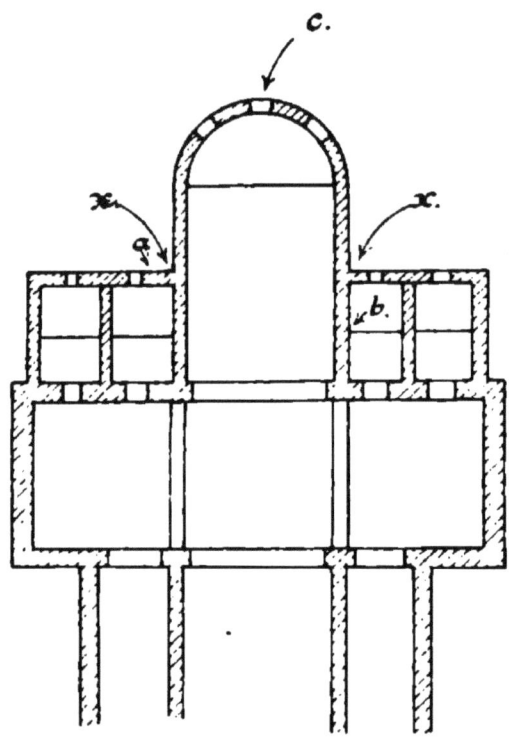

Bei x, x Reste der Mauern,
bei a Kämpfer \
bei b Consol   / erhalten.
Das Fenster bei c ist jetzt vermauert.
Rekonstruktion der Bauteile aus der ersten Bauperiode von 1157—1166.

des Klosters im Jahre 1525 zerstört und bald darauf in der notdürftigen Form wiederhergestellt, in welcher sie bis jetzt bestehen blieben. Es sind noch jetzt zu beiden Seiten des Chors Reste der alten Kapellenmauern erhalten,[1]) auch lassen

---

[1]) In obiger Skizze bei x, x, auch in dem grossen Grundriss ersichtlich.

sich noch die Ansätze der alten Gewölbe erkennen, wie auch der Rest eines Consols. Auf der Nordseite ist noch ein Kämpfer,[1]) der nach Nord ausladet, vorhanden. Bei der Wiederaufnahme der Arbeiten sind hier Veränderungen eingetreten. Die schon begonnene Verzierung der Aussenfläche der Apsis durch Lisenen, Pilaster und Halbsäulen wurde im Sinne der strengen, alles Ueberflüssige abweisenden Regeln des Cistercienserordens weggelassen, doch blieben die, mit den Versatzsteinen aus einem Stück bestehenden Basen und, aus gleichem Grunde, einzelne Reste der Lisenen stehen und sind noch heute an ihrer Stelle. Dem schönen Kranzgesims wurde in späterer Zeit, bei Aufstellung des neuen Hochaltars, bös mitgespielt. Ein kleines Rundfenster wurde durch seine Hauptachse rücksichtslos durchgebrochen, während das alte mittlere Fenster zugemauert wurde. — Der Hauptteil der Kirche gehört der zweiten Bauperiode an, welche ihr in den Hauptformen die Gestalt gegeben hat, in der sie heut vor uns steht.

Es ist eine kreuzförmige, dreischiffige Pfeilerbasilika von ca. 70 m Länge und im Querschiff von 38,10 m lichter Weite. Das Langschiff besteht aus vier Rechtecken.[2]) Das Querschiff besteht aus der quadratischen Vierung und je einem Rechteck nördlich und südlich derselben, auch der Chor ist rechteckig gebildet, an den sich die Apsis halbkreisförmig anschliesst.

Die Kapellen waren aus der ersten Bauperiode übernommen, also nicht in ihrer heutigen Gestalt. Von den Nebenschiffen ist das nördliche um 20 cm breiter als das südliche, 4,58 : 4,38.

In der zweiten Bauperiode waren die Seitenschiffe nicht überwölbt, sondern, wie wir glauben, mit einer flachen Decke versehen, wie sie ja auch Maulbronn ursprünglich über der ganzen Kirche hatte. Bei dem Abschnitt Gewölbe werden wir

---

[1]) Bei *a*.
[2]) Nicht „Quadraten", wie Schnaase, Kugler, Dohme und Beissel berichten, von denen die drei Erstgenannten allerdings niemals in Bronnbach waren. Der Kugler'sche Grundriss ist richtig, doch fehlen an der Nordseite die Strebepfeiler.

näher darauf eingehen. Die Wölbung des Mittelschiffs ist jedoch zweifellos aus dieser Zeit. Nun kommt noch ein Bauglied hinzu, das jetzt verschwunden ist und nur wenige, aber deutliche Spuren seines einstigen Daseins hinterlassen hat. Es ist dies die Vorhalle, das sogenannte Paradies, das früher vor der Kirche gestanden hat und vermutlich durch Graf Friedrich zerstört wurde. Dehio und v. Bezold sagen, dass Maulbronn „das einzige specimen eines Paradieses bei Cistercienserkirchen in Deutschland sei", während diese Vorbauten in Frankreich und Italien sehr häufig wären. Nun hat die neuere Forschung ergeben, dass Paradiese nicht nur in Maulbronn, sondern auch bei anderen deutschen Cistercienserkirchen vorkamen, ihrer exponierten Lage wegen jedoch bis auf diese eine Ausnahme immer zerstört wurden. Wenn ein Gebäude erstürmt wird, bricht man zunächst die Thür ein.

So hat auch die Arnsburger Kirche[1]) ein Paradies besessen, welches ungefähr um dieselbe Zeit erbaut wurde, wie das der Bronnbacher Kirche, welche wir hiermit unter die mit Vorhallen geschmückten Cistercienserkirchen Deutschlands einführen können. Uebrigens dürfte die Bronnbacher Vorhalle älter als die von Maulbronn sein, welche nach Paulus erst zwischen 1220 und 50 gebaut wurde, während die von Bronnbach wohl noch dem letzten Viertel des XII. Jahrhunderts angehört.

In Frankreich hatten schon die Cluniacenser dieses Motiv der Vorhallen in ausgiebiger Weise benutzt. Aus der ursprünglich kleinen Vorhalle, die aus dem antiken porticus (franz. porche) entstanden war, entwickelten sich bei ihnen gewaltige Vorbauten, die sich mehrgeschossig vor die Schauseite der Kirche legten und eine Kirche vor der Kirche bildeten, so z. B. bei der Kathedrale von Tournus.[2]) Die Cistercienser

---

[1]) Siehe das schon citierte Werk von Matthaei pag. 14 und 18.
[2]) Abg. bei Viollet le Duc, Dictionnaire etc., sub verbo: „porche" Bd. VII pag. 262.

vereinfachten diese Anlagen nach ihrer Gewohnheit und haben sie in Frankreich und auch in Italien. ziemlich regelmässig beibehalten.

In Bronnbach kann man jetzt noch deutlich die Ansätze der Gewölbe des Paradieses, sogar noch ein Restchen der Bedachung unterhalb des Radfensters und an dem nördlichsten Strebepfeiler der Fassade den nach W. ausladenden Kämpferstein eines früheren Bogens erkennen. Durch Nachgrabungen, die der Verf. vor den beiden Strebepfeilern zu beiden Seiten

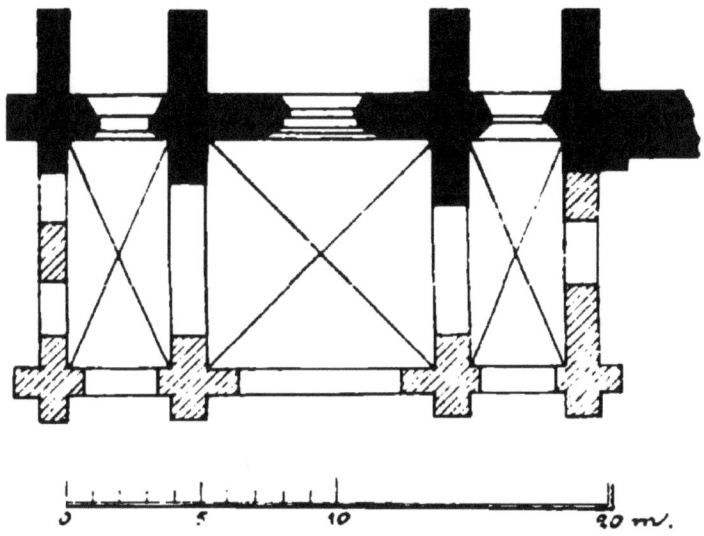

des Hauptportals angestellt hat, haben sich Fundamente bis 9,20 m von der reinen Mauer ab, festgestellen lassen. Die Vorhalle war also im Mittelbau quadratisch.[1]) Sie wird in ihren Formen nicht in der reichen und zierlichen Weise des Maulbronner Paradieses gestaltet gewesen sein, sondern, dem ernsten

---

[1]) Das Arnsburger Paradies soll nach Matthaei, a. a. O. pag. 18, aus drei quadratischen Jochen bestanden haben. Es ist leider ein Grundriss nicht beigegeben, der diese merkwürdige Bildung veranschaulichte.

Gesammteindruck entsprechend, einfach und massiv mit rundbogigen Oeffnungen. Die Consolen mit jetzt fehlenden Säulen und die Basen und Kapitelle der letzteren sind zum Teil an der jetzigen Fassade erhalten.

Nebenstehend ein Rekonstruktionsversuch des Grundrisses des Paradieses.

Das Aeussere der Kirche ist fast ganz schmucklos. Mit Ausnahme des aus der ersten Bauperiode stammenden Kranzgesimses ist auf den Aussenwänden keinerlei Gliederung vorhanden. Sie sind eintönig geputzt und nur die Fenster und die dunklen Dächer bringen bestimmende Linien hervor. Auch die Schauseite, in dem Zustande, in welchem sie sich jetzt befindet, hat mit Ausnahme der drei schönen romanischen Portale und eines grossen Rundfensters, keinen Schmuck. Diese Portale befanden sich früher nicht im Freien, sondern im Innern der Vorhalle. Das Mittelportal, bedeutend breiter als die Seitenportale, ist reich und reizvoll gegliedert, leider ist eine barocke Thür in die ernste romanische Wandung eingesetzt, was gerade nicht harmonisch wirkt. Das südliche, am einfachsten gehaltene Portal ist nur durch kräftige Rundstäbe gegliedert. Das nördliche, das sich durch ein Kreuz im Tympanon — dies letztere ist übrigens erneuert — als Kirchenthür ausweist, ist etwas reicher gehalten. Es wären nur noch die Dachreiter zu erwähnen, deren Bronnbach zwei hat. Turmanlagen waren bekanntlich bei den Cistercienserkirchen streng verpönt und, obgleich die anderen kunstfeindlichen Baubestimmungen der Cistercienser in späterer Zeit weniger Beachtung fanden, wurde an dieser meistens festgehalten. Der grössere der beiden Dachreiter steht nicht, wie sonst üblich, auf der Vierung, sondern westlich vor derselben. Er ist sechseckig und in schlanken, gefälligen Formen gehalten. Am westlichsten Ende des Daches steht noch ein winziger Dachreiter, der später zur Aufnahme einer kleinen Glocke angeflickt wurde.

Die Gewölbe.

Nach Schnaase[1]), der die Bronnbacher Gewölbe niemals gesehen hat, ist das System der Bedeckung „das ältere französische mit ganzen und halben Tonnen, welches in Deutschland wegen des Bedürfnisses von grösseren Fenstern und Oberlichtern und durch die Einwirkung des hier bekannten Kreuzgewölbes modificiert ist". Er bezeichnet sie ferner als „quadrate (sic!) Kreuzgewölbe mit blossen Gräten, die man aber in der That noch als spitzbogige Tonnengewölbe mit grossen Stichkappen betrachten kann." Kugler, der ebenfalls, wie aus dem am Schlusse des historischen Teiles abgedruckten Briefe an Dr. Kaufmann hervorgeht, niemals in Bronnbach war, fügt noch hinzu, dass die Bronnbacher Kirche das älteste Beispiel einer Einführung des Spitzbogens in die deutsch-romanische Architektur enthält. Unsere auf Autopsie gegründete Ansicht differiert in einzelnen Puncten. Erstens sind die Gewölbe der Seitenschiffe nicht ursprünglich, sondern erst in späterer Zeit eingeführt, ferner aber sind drei verschiedene Wölbesysteme vorhanden. Der Chor nämlich hat ein nicht spitzbogiges, mit starken plump wirkenden Rippen versehenes romanisches Kreuzgewölbe, die Rippen liegen auf Consolen auf. Dagegen sind sämmtliche Bögen, sowohl der den Chorraum nach der Apsis zu begrenzende — also vor der Wölbung des Chors erbaute Bogen, wie auch der Triumphbogen spitzbogig. An diese Form schliesst sich nun im Langhause das südfranzösische Tonnenwölbungssystem mit weiten Stichkappen für die gekuppelten Fenster. Das Mittelschiff also ist mit einer langen Tonne[2]) überdeckt, in welches für die Fenster je vier weite Stichkappen ausgespart sind. — Man kann dies so deuten, dass die bauenden Mönche mit den verschiedenen neuen Bauformen, die ihnen aus Frankreich überkamen, Versuche an-

[1]) a. a. O. pag. 323.
[2]) Die aber nicht „spitzbogig" ist, wie Schnaase sagt.

stellten. Den ersten Bogen vor der Apsis bauten sie in Spitzbogenform, den Chor überwölbten sie mit einem romanischen, starkrippigen Kreuzgewölbe, kehrten dann wieder bei allen Bögen zu der ihnen neuen Form des Spitzbogens zurück und griffen endlich im Langhaus zu dem in Deutschland seltenen südfranzösischen Tonnenwölbungssystem. Die Anwendung des Spitzbogens zur Gewölbebildung war damals in Frankreich, besonders in der burgundischen Schule schon längst gebräuchlich, in Deutschland dürfte es ihr frühestes Auftreten sein. — Merkwürdig ist die Art des Auflagers der Gewölbe: im Langschiffe ist eine strenge Scheidung zwischen Haupt- und Nebenpfeilern. Die Hauptpfeiler haben nach innen zu kräftige Halbsäulen, auf deren schönen, romanischen Kapitellen je zwei, seitwärts über einander vorkragende Auflagesteine liegen, von deren oberem das Gewölbe anfangs ziemlich senkrecht in die Höhe steigt, wodurch der Schub des Gewölbes ein verticaler wird und nur wenig Seitenschub entsteht (siehe Skizze).

Die Gewölbe der Seitenschiffe sind denen des Hauptschiffes nachgebildet: ein jedes Nebenschiff ist mit je einem halben Hauptschiffsgewölbe überdeckt, doch sind sie erst viel später eingefügt worden. Ursprünglich waren sie, wie in Maulbronn die ganze Kirche, flach gedeckt. Man erkennt dies daraus, dass die Pilaster an der Aussenseite der Mittelschiffspfeiler (also innerhalb der Seitenschiffe) das Seitenschiffgewölbe völlig unorganisch durchbrechen; sie hatten eben in der ursprünglichen Anlage die Bestimmung als Auflager für die Balken zu dienen. Bei gleichzeitiger Anlage der Gewölbe des Seitenschiffes hätten sie absolut keinen Zweck, was doch dem strengen Gefühl für Construction, das die Cistercienser immer auszeichnete, entschieden widersprechen würde. Die ihnen entsprechenden Pilaster auf der andern Seite, also an der Aussenwand der Seitenschiffe (2 im Schnitt Seite 48), die jetzt als Auflager für die Gewölbe dienen, sind erst beim Bau der letzteren zu diesem Zweck in der erforderlichen Höhe abgeschnitten worden. Ferner spricht die wenig sorgfältige Ausführung

keineswegs für ein so hohes Alter, für die Gleichzeitigkeit mit
den massiv und genau ausgeführten Gewölben des Mittelschiffs.
Wann die Seitenschiffe überwölbt wurden, lässt sich aus der
Bauzeit der Strebepfeiler an der nördlichen Aussenwand an-

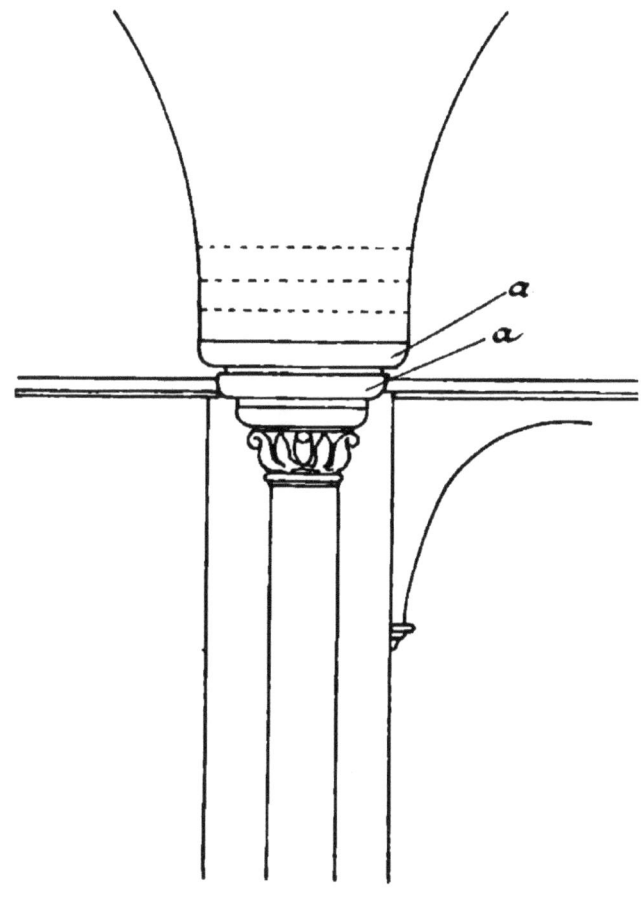

a, a, Auflagesteine.

nähernd feststellen. Diese Strebepfeiler, die Kugler in seinem
Grundrisse weggelassen hat und die Schnaase und ebenso
Dohme, als „schwache Strebepfeiler" bezeichnet, sind laut Inschrift von W. nach O. gebaut worden. Es sind ihrer sieben,
von denen zwei die ansehnliche Dicke von 2,32 m erreichen.

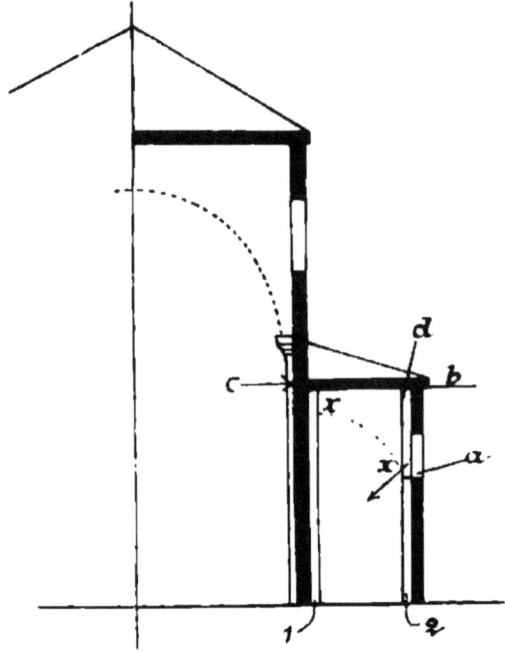

a d jetzt zur Aufnahme der Gewölbe abgeschnittener Teil des Pfeilers.
Die punctierte Linie *x x* das jetzige Seitenschiffsgewölbe.
   c b, die alte flache Decke.
1 Pilaster an der Aussenseite des Mittelschiffspfeiler.
2 ihm correspondierender Seitenschiffspfeiler, jetzt bei *a* abgeschnitten.

Die Maasse und die Verteilung zeigt nebenstehende Skizze.
Jahreszahlen sind auf drei Pfeilern angebracht. Auf No., No.

III. ○ 1 ○ 2 ○ 8 8 ○

IV. 1 2 8 9

VII. ○ 1 ○ 2 ○ 9 ○ 8 ○

Also Ende des XV. Jahrhunderts sind diese Strebepfeiler angebaut worden. Der Grund dafür ist einleuchtend: Kurz

— 49 —

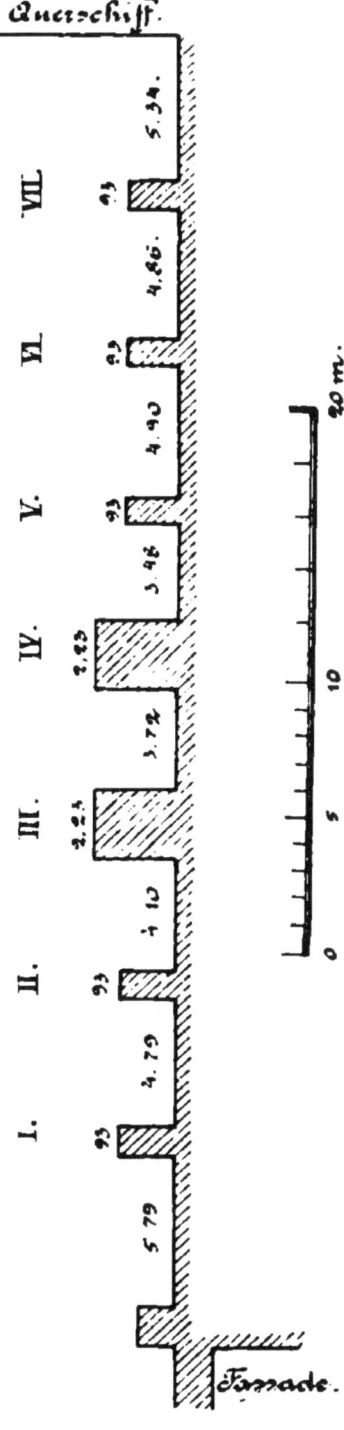

vorher hatte man die Seitenschiffe mit den neuen Gewölben versehen und diese, die nicht die geschlossene Gewichtsverteilung haben wie die Gewölbe des Mittelschiffs, übten einen starken Seitenschub aus auf die Aussenmauern, so dass man sich im Norden zur Anlage von Strebepfeilern genötigt sah; im Süden liegt ein Arm des Kreuzgangs vor, der auch durch vier Strebepfeiler, die im Kreuzgangsgarten liegen, gesichert ist. Dass zwei der nördlichen Strebepfeiler so bedeutend stärker sind, als die andern, mag seinen Grund darin haben, dass nach Einfügung der Gewölbe sich an dieser Stelle die ersten Risse in der Aussenmauer zeigten, welche dort schleunigst durch 2 starke Strebepfeiler gestützt wurde; der westlichere der beiden zeigt die früheste Jahreszahl. Erst als diese gefährdete Stelle gesichert war, wurden die anderen Strebepfeiler, aber in bedeutend schwächeren Abmessungen an der Wand verteilt. Selbstverständlich ist auch diese späte Anlage der Strebepfeiler ein weiterer Beweis für unsere Hypothese, dass die Gewölbe der Seitenschiffe nicht gleichzeitig errichtet wurden mit den Gewölben des Hauptschiffes. Dehio und von Bezold[1]) halten diese Strebepfeiler als zur ursprünglichen Anlage gehörig,[2]) also dem Ende des XII. Jahrhunderts und schreiben mit gesperrten Lettern: „die Strebepfeiler sind wahrscheinlich die ältesten auf deutschem Boden." Sie müssen sich hierbei auf die Berichte eines sehr unzuverlässigen Gewährsmannes gestützt haben.

Die Details.

In den Details herrscht völlig der Charakter des XII. Jahrhunderts vor, sie sind spätromanisch, zeigen die ersten Anfänge des Uebergangstils und weisen eine Fülle von Abwechslung auf. Dies wird auch schon bedingt durch die Verschiedenartigkeit der Stützen. Das Langhaus ist durch je drei Hauptpfeiler in vier rechteckige Traveen geteilt. Die beiden östlichen Traveen haben als Zwischenstützen kräftige Säulen, die beiden westlichen Nebenpfeiler, die durch Halbsäulen gegliedert sind[3]) Die Hauptpfeiler beleben ihren massigen Kern durch die nach der Mitte zu liegenden Halbsäulen, die jedoch nicht am Boden beginnen, sondern auf hohen, kräftigen Steinplatten stehen. Auf der Rückseite der Pfeiler in den Seitenschiffen stehen schmucklose viereckige Pilaster,[4]) die wir bei der Seitenschiffswölbung erwähnten. In den beiden westlichen Traveen werden die Arkadenbögen durch Halbsäulen aufgefangen, in den beiden östlichen durch Consolen, die sich dem Hauptpfeilerkern entgliedern. Trotz der grossen Anzahl von Basen und Kapitellen sind alle verschieden gebildet. Es ist das

---

[1]) a. a. O. pag. 534.
[2]) Auch Matthaei führt Bronnbach als specimen für Auftreten von Strebepfeilern im XII. Jahrhundert an. a. a. O. pag. 43.
[3]) Siehe Langschnitt.
[4]) Im Grundriss sind sie durch Verschulden des Technikers, der mit der Anfertigung desselben betraut war, vergessen worden, wir haben sie bei den beiden westlichsten Nebenpfeilern aus der Erinnerung nachgetragen, ohne Verbindlichkeit für die Maasse.

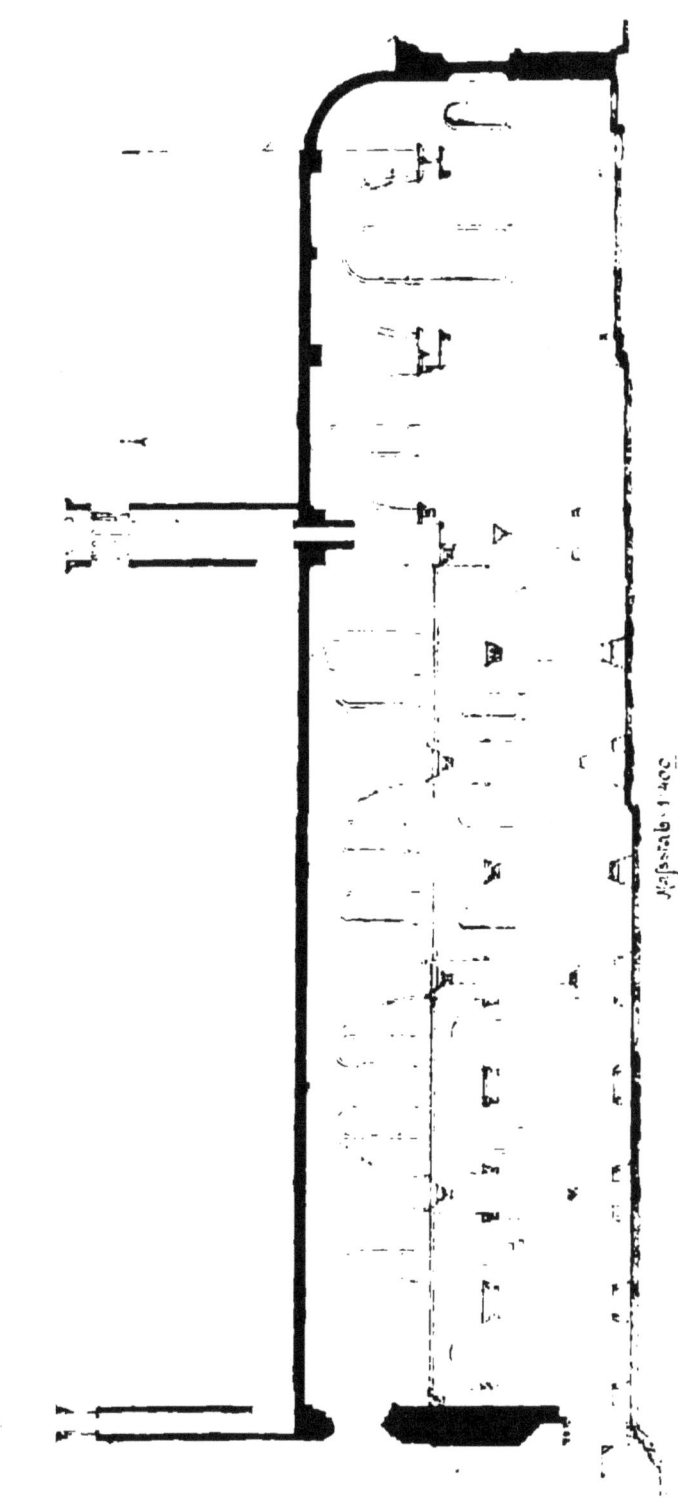

Würfelkapitell, das uns in einigen zwanzig Versionen entgegentritt. Die, die Würfelform fast rein zeigenden Kapitelle, wie sie der älteren romanischen Kunst eigen sind, kommen hier nicht vor, wir stehen im Beginn der Uebergangsperiode, deren phantasievolle Bildungen durch reizvolle Exemplare vertreten sind.[1]) Die Basen variieren in geistreicher Weise das Problem der Fundierung von Stützen, Pfeilern, Säulen oder Halbsäulen. — Die Consolen im Langhaus sind höchst einfach gehalten, dagegen sind die im Chor, welche als Auflager für die Gewölberippen dienen und die Consolen am Triumphbogen reicher gestaltet. Es ist ein System von je zwei über einander gestellten Consolen, welche durch ein kleines Säulchen verbunden sind.

Die Gewölberippen im Chor sind die einzigen in der ganzen Kirche, sie haben eine sehr einfache, rechtwinklige Profilierung.

Profil der Chorgewölberippen.

An dieser Stelle wollen wir auch der Bemalung erwähnen. In ihrer jetzigen Beschaffenheit stammt sie aus dem Jahre 1760, doch ist wohl anzunehmen, dass man sich an die alte Polychromierung gehalten hat. Die Hauptmassen, die Wandflächen und Gewölbe sind weiss, die Pfeiler, Säulen und Bögen haben einen lichten blauen Ton, die Kapitelle, die Consolen, die Profile der Nebenpfeiler und die inneren Kanten der Arkadenbögen in den beiden östlichen Jochen einen dunkleren blauen Anstrich; ausserdem sind die Scheitel der Arkadenbögen durch dasselbe Blau mit schmaler schwarzer Einfassung hervorgehoben.

Die innere Ausstattung in ihrer heutigen Gestalt geht nicht über das erste Viertel des siebzehnten Jahrhunderts hinaus zurück. Von der alten Ausschmückung ist nichts mehr

---

[1]) Bei der beabsichtigten Publication des ganzen Klosters soll näher auf diese Punkte eingegangen werden, wo dann auch das nötige gezeichnete Material vorliegen wird, ohne welche die Besprechung der Detailformen einen nur relativen Wert hat.

erhalten. Graf Friedrich hat sein Zerstörungswerk allzu sorgfältig ausgeführt. Die Kirche mit ihren alten spätromanischen, in kleinem Maassstabe gehaltenen Altären muss einen, von dem heutigen ganz verschiedenen Eindruck gemacht haben. Die jetzige Ausstattung, so prächtig sie auch im Einzelnen, z. B. in dem Chorgestühle, ist, beeinträchtigt durch ihr Verdecken der tragenden Bauglieder, durch den bei heller Beleuchtung störenden Farbencontrast, und durch den falschen Maassstab, den sie dem Beschauer nahelegt, den Eindruck des gewaltigen Bauinnern.

Die ältesten Altäre, die von Abt Johann Feilzer an Stelle der durch Graf Friedrich zerstörten aufgerichtet wurden, stehen jetzt in den Kapellen des Querschiffes. Es sind nur die Aufsätze erhalten. Das Figürliche ist aus Alabaster, das Rahmenwerk aus Sandstein gefertigt. Erbauungszeit zwischen 1620 und 30. Der sehr hohe Kreuzaltar steht jetzt an der nördlichen Wand des Querschiffes, früher, nach Beissel, im Mittelschiff an der Stelle des alten Lettners. Laut Inschrift aufgestellt 1667, ohne Kunstwert.

Den Hochaltar und die vier zu beiden Seiten des Mittelschiffs an den Pfeilern aufgestellten Altäre, welche so störend in das Gesammtbild eingreifen, liess Abt Hartmann (1699—1724) erbauen. Es sind in ihrem Rahmenwerk wenig schöne, barocke Aufbauten, wobei die gedrehten Säulen, je 2 an jeder Seite, am unangenehmsten wirken, doch belebt durch eine Unmenge von graciösen Engelsfiguren und reizenden kleinen Engelsköpfchen. Das „liber mortuorum"[1]) führt einen Schreiner „F. Benedictus Gamuths, Laicus, Bozensis e Tyroli, 30. April 1712", an. Er ist wohl der Erbauer dieser Altäre gewesen. Die Altarbilder sind mittelmässige Werke aus der Zeit um 1700. Der Johannesaltar hat, nach Beissel, folgende Inschrift: „Under mahlung dieses blats ist der berihmter herr Oswaldus Onghers (zu) Würzburg gestorben 24. December 1706." — 1777

---

[1]) a. a. O. pag. 147.

(laut Inschrift) liess Abt Ambrosius Balbus das prachtvolle in feinem Roccoco ausgeführte Chorgestühl aufstellen, das noch in bestem Zustande erhalten ist. Auf der Rückseite steht (nach Reissel): „Totius structurae architectus erat F. Daniel Schaiferlenc Furthensis. convers. hujus loci."

Ausser einer völlig schmucklosen hölzernen Kanzel ist kein weiterer Ausstattungsgegenstand vorhanden.

Der Kreuzgang.

Schnaase, dem offenbar keine Abbildungen der Formen aus dem Kreuzgang vorgelegen haben, setzt seine Erbauung nur wenige Jahre später als die Vollendung der Kirche, also ungefähr um das Jahr 1200. Dies ist nun keineswegs der Fall. Der älteste Teil desselben, der Ostflügel, stammt aus dem Anfang des XIV. Jahrhunderts. Dort finden wir noch für die äussere Fensterumrahmung den Kleeblattbogen angewendet, dies ist noch ein Rest aus dem Uebergangsstil, während die Füllung schon ganz gotisch ist. Im Ostflügel liegt auch der Eingang zu dem viel älteren, rein romanischen Kapitelsaal, der mit wuchtigen romanischen, auffallend starkrippigen Kreuzgewölben überdeckt ist, die von vier niedrigen Säulen getragen werden, welche inmitten des quadratischen Raumes stehen. Die Säulen haben schöne romanische Kapitelle, welchen an den Wänden ebensolche Consolen entsprechen. Mit den vor dem Kapitelsaal liegenden Abteilungen wurde der Bau des Kreuzganges begonnen und wurde von hier aus nach Norden weitergeführt. Der längs der Kirche sich hinziehende Nordflügel gehört ebenfalls noch dem XIV. Jahrhundert an. Man kann hier, in kleinstem Bezirke, die Entwickelung der gotischen Formen verfolgen. In den, dem Kapitelsaal am nächsten liegenden Abteilungen sind an den Säulenkapitellen Blattverzierungen, die noch romanische Anklänge enthalten. An den letzten Kapitellen des Nordflügels schon und an denen des Ostflügels finden sich die frühgotischen Knollen, während das Maasswerk, das stellenweise später eingesetzt zu sein scheint, gotisch ist und zwar teilweise frühgotisch, teilweise spätgotisch. Die Gewölbrippen im Nordflügel haben die charakteristische Birnenform:

Nach Vollendung dieser beiden Flügel, die eine Verbindung zwischen der Kirche und dem Kapitelsaal herstellten, wurde der Bau für längere Zeit unterbrochen. Im Anfange des XV. Jahrhunderts wurde der südliche Flügel erbaut, der westliche erst im Jahre 1608. Die Gewölbrippen haben im

südlichen Teil diese  Gestalt, im westlichen sind

sie ganz spätgotisch gebildet: Das Maasswerk, soweit

es noch vorhanden ist, ist spätgotisch. Leider geht dieser höchst interessante Kreuzgang immer mehr seinem Verfalle entgegen. Schon vor seiner Vollendung mussten die dem Kreuzganggarten zugekehrten äusseren Mauern durch unverhältnissmässig starke Strebepfeiler gestützt werden, einer von ihnen im südlichen Flügel trägt die Jahreszahl 1517, im ganzen sind es deren 15 und trotzdem sind sämmtliche Aussenmauern aus dem Lot geraten, grosse Risse zeigen sich allenthalben, in einzelnen Abteilungen ist bereits das Maasswerk herausgefallen oder herausgenommen worden, und wenn nicht bald etwas degegen geschieht, dürfte es wohl auch dem übrigen Teile desselben in kurzer Zeit ebenso gehen.

In der einen Ecke der Aussenwand des Kreuzganges ist ein „urthümlicher" frühromanischer Wasserspeier eingemauert, der sich früher, vor der Erbauung des Kreuzganges, wahrscheinlich auf dem Kapitelhause befand. Ein mit demselben Eigenschaftswort von Paulus bezeichneter befindet sich am Maulbronner Kreuzgang.

Die Grabsteine.

Die Bronnbacher Kirche und vor allem der Kreuzgang sind reich an Grabplatten früherer Conventualen und Wohlthäter der Abtei. Die älteste in der Kirche ist die des Grafen Eberhard von Wertheim vom Jahre 1373. Sie zeigt eine wahrhaft fratzenhafte Bildung der Gestalt. Beissel[1]) glaubt, dass Graf Friedrich von Wertheim die (ursprünglich wohl in starkem Hochrelief ausgeführte) Gestalt geschändet habe[2]) und dass nach 1631 eine Erneuerung derselben stattfand, durch welche sie ihr heutiges Aussehen erhalten hat.

Die wohlerhaltene Umschrift lautet:

Anno . dni . millesimo . trecesimo . septuagesimo . III. kale . sept) . obiit . Eberhard . comes . de . Werthen. Der Grabstein steht an der westlichen Seite des nördlichen Querschiffarmes.

Noch ein anderer Graf von Wertheim hat seine Ruhestätte in Bronnbach erhalten. Im Kreuzgang befindet sich

---

[1]) A. a. O. pag. 80.

[2]) Aus einem Briefe über die Zerstörungen in der Kirche (veröffentlicht von Dr. Kaufmann): „dass Graff Friedrich seiner lieben verstorbenen Vetter nasen abschlagen, hesslich verderbt und deformirt etc. . . . ."

[3]) 24. August. Abgebildet bei Aschb. a. a. O. pag. 164.

eine fast bis zur Unkenntlichkeit abgetretene Platte des 1374 verstorbenen Grafen Boppo von Wertheim.

XV. Jahrhundert.

Im Langschiffe vor den Stufen ist eine Grabplatte mit der Umschrift: Anno dni MCCCC . II. Idus Januarii starb Juncker Eberhart von Dottenheim der junge von Messelhausen . der sele got gnedig sey amen.

1442. Ebendort: Anno dn̄i MCCCCXLII starb fraw Sophia Ryneckerin am dienstag nach sant Gregorientag des heyligen babist . der got gnedig sey . amen.

1418. Ebendort: Anno Dni MCCCCXVIII feria quarta post penthecoste o . Margretha de Rosenberg cuiy aia requiescat i . pace . ame.

1428. An einem Pfeiler des Mittelschiffes: Anno . dni̇ . MCCCCXXVIII . in . die . sci . marci . evangeliste . strenuy . vir . dnus . petry . de . stetinbg . miles . cy . aia . reqiuescat . in . pace . amen.

Die Ritter von Stettenberg sassen auf der unweit gelegenen Gamburg, derselben, deren früherer Besitzer Beringer zu den Stiftern der Abtei gehört hatte. Die Figur des Ritters ist in mehr als Lebensgrösse ausgeführt. Die vier Wappen (siehe Photographie) sind: links oben von Stettenberg, r. o. von Gerchsheim, l. u. von Weiler, r. u. Marschalck von Ostheim. Ausserdem ist noch eine Grabplatte, vor den Stufen liegend, vorhanden mit der gleichen Randschrift.

1441. Gegenüber dem eben besprochenen Grabstein:

Anno dni MCCCCXLI. XI kal. Apr. obiit Petry de Stetinberg, filius Petri de Stetinberg, militis de Gamburg, cy aia requiescat in sancta pace amen.

Die Wappen auf dem Brustharnische (siehe Photographie): links oben Stettenberg, r. o. Ehrenberg, l. u. Gerchsheim, r. u. Hoffwarth. — Ueber dem Ganzen ein gotischer, wimpergenähnlicher Aufsatz, ʼin dessen Giebelfeld zwei Wappen eingefügt sind, links das Wappen derer von Weiler. Zu beiden Seiten des liegenden Löwen, auf dem der Ritter steht, ist noch je ein Wappen angebracht, das linke ist das der Marschalcke von Ostheim.

Es stehen sich hier also Vater und Sohn gegenüber. Die Köpfe sind offenbar Portraits, die Aehnlichkeit ist unverkennbar. Leider wurden beide Reliefs grau angetüncht. Es sind Werke desselben Meisters, wenn auch der Grabstein des Sohnes reicher behandelt ist, als der des Vaters. Es sind dies die beiden schönsten Grabdenkmäler der Bronnbacher Kirche.

1450. Noch ein Stettenberger, ein Bruder[1]) wohl des eben genannten, ist in der Kirche begraben. Die Inschrift lautet: Anno dni. MCCCCLXIV kal. Junij obiit Petrus Stettenberger, junior de Gamburg, cuiy aia requiescat in sancta pace amen.

1451. Im Langschiff der Kirche. Anno dni MCCCCLI vff Kyliani starb Katharina von der Kere. der Gott genade amen. In der Mitte das Wappen.[2])

1463. Ebendort. Anno dni MCCCCLXIII uff allerseln tag stharb Els von Utzlingen, Antonij von Wittstatt fraw der Gott gnedig sei. amen. Das Wappen der Utzlingen (Siebmacher I, 119) ist zu erkennen, die drei andern Ahnenwappen abgetreten.

1475. Ebendort. Anno dni MCCCCLXXV uff suntag nach s. luczien tag starb der erber und vest Anthonius von Wittstatt dem gott gnad. amen. Die Ahnenwappen: Wittstatt (Siebm. II. 74) und von der Kere.

1483. Im Langschiffe der Kirche Anno dni MCCCCLXXXIII tertio dij Aprilis starb die edle fraw Afra Herterin von Herteneck,[3]) Arnolds von Stettenberg Hawsfrawe der sele gott gnedig sei.

XVI. Jahrhundert.

1522. Der älteste Grabstein d. J. ist in die Wand des südlichen Seitenschiffes eingemauert, in seiner Mitte die Gestalten des

---

[1]) Oder sein Sohn, der dann jung gestorben sein müsste.

[2]) S. Abb. Kühles, liber mortuorum (Archiv für Unterfranken Bd. 21) Wappenabbildung No. 18.

[3]) Abbildung des Herteneckschen Wappens bei Kühles a. a. O.

Johann Kuchenmeister von Gamburg und seiner Gattin Margarethe von Sainsheim. Die Umschrift lautet: Viator quietem opta Johann Kuchenmeister de Gaberg legum doctori ejusque conjugi Magdalene — de Sansheim nate, qui VII annos secum — honeste simul vixere. Illa pma Augusti Anno Dni MCCCCC—XVII. Ille vero quinta Julij anno M.C.C.C.C.C.XXII mortem feliciter — obiere.

1548. Neben der Sacristeithür. I. Anno Dni. 1548. 17 Kld. Decembr. obiit Venerabilis Dnus. Marcus de Lor. h. coenobii Abbas. Anno Regiminis sui 22. etatis 60. cuiy aia re. i. pace. a. Hic auctoritate applica incepit infula uti in hoc coenobio.[1]

1563. Im nördlichen Seitenschiff: H. Anno dni. 1563 die 28. Martii obiit Veneradg Dns Johann Pleitner Coenobii Brunbach Abbas cuiy aia in pace quiescit. —[2]

1582. Ebendort. G. Anno salutis 1588 ex hac vita migravit VII Junij Reverendy Pater Dns Joannes Knolle. I. U. D. de Külsheim, Coenobij Abbas cuiy aia Deus mircreatur.[3]

XVII. Jahrhundert.

1602. In der Mitte des Langschiffes. Anno Domini MDCII. Die XXIII. Novem. obijt Reverendus in Christo Pater ac Dominus Wigandus Abbas Brunnbacensis Regiminis 24, cuius anima requiescat in pace.[4]

1630. Vor den Chorstühlen zwischen den beiden Seitenaltären innerhalb des Gitters. Venerabilis ac Rdus Pater Fr. Casparus Geys Prior 30 annor. coenobii Brunbach hoc conclusus tumulo regscit in dno. Obiit die 2 Mart. Anno dni MDCXXX. Viator sequere num mortalis es, ut mortalis vive.

1637. Oestliche Seite des nördlichen Kreuzschiffes, gegenüber dem lädierten Grabsteine des Grafen Eberhard von Wertheim. (C.) Anno dni 1637 regiminis 19. 3. Sept. obiit adm.

---

[1] Das Wappen bei Kühles a. a. O.
[2] Das Wappen bei Kühles a. a. O.
[3] Das Wappen bei Kühles a. a. O.
[4] Das Wappen bei Kühles a. a O.

Rd . Dns . Joannes Feilzer huig monasterij abbas cuius aia r . in pace . amen.¹)

1641. Oestliche Seite des südlichen Querschiffes. (D.) Anno dni 1641 . 21. April. o. Reverendiss. Pater ac Dns . Joaes Thyrlauf . Herbipolens . huig loci Abbas regim . sui ann. 3. mens. 7 . die 14 . cuig aia Deo vivat.²)

1672. Am Eingang in den östlichen Chor rechts. (B.) Anno dni 1672 18 Februarii O. Reverendiss. pater ac Dns. Valentinus Mammel Mellrichstadi ang huig loci Abbas aetatis suae ann. 69 professionis 46, regiminis 22, abdicatae platurae 2 cuius aia Deo vivat.

1699. Dem vorigen gegenüber in Conception und Technik ihm völlig gleich steht das Grabmonument des Abtes Wundert. Beide zeigen den Abt in vollem Ornate in Lebensgrösse, die Köpfe sind Portraits — A.) Anno dni 1699. 10 Septembris obiit Rdssms pater ac Dns. Franciscus Wundert, Grunsfeldensis huig loci Abbas anno aetatis suae 63. profess. relig. 44. sacerdos 39 abbatialis regim . 30 . cujus anima Deo vivat.³)

XVIII. Jahrhundert.

1724. Nördliche Seite des nördlichen Querschiffes, links vom Kreuzaltar. (E.) Anno dni MDCCXXIV. 19. Decemb. obiit Reverendissimg Dng Josephus Hartmann, Grunsfeld. huius loci abbas . . . . . fess. 45. sacerd. 40. regim. 25 cuig aia Deo vivat. Teilweise vom Steinfrasse zerstört.⁴)

1752. Dem vorigen entsprechend rechts vom Kreuzaltar. (F.) Anno Dni MDCCLII die 21 Aug. obiit Rdsm. perillustris Dns. D. Engelbertus Schaeffner. Grunsfeld. Abbas huig loci ss. Theologiae Doctor aet 65. prof. 45. sac. 41. regim. 28. R. J. P.⁵)

---

¹) Wappen bei Kühles.
²) Wappen bei Kühles.
³) Wappen bei Kühles.
⁴) Wappen bei Kühles.
⁵) Wappen bei Kühles.

Die Grabsteine des Kreuzgangs.

Der älteste Bronnbacher Grabstein liegt im nördlichen Flügel des Kreuzganges. Hier ist einzufügen, dass die Grabsteine erst in später Zeit, viele sogar erst in diesem Jahrhundert ihren Platz im Kreuzgang erhalten haben, man also von dem Alter der Grabsteine keine Rückschlüsse auf die Erbauungszeit des Kreuzganges machen darf.

XIII. Jahrhundert.

1290. Im nördlichen Flügel. Anno dni MCCXC. II. Kld. Junij o. Cunradus filius Gotfridi Der ...... qui fuit civis Herbipol. In Mitten der Tafel: Defunctus requiescat in pace et lux perpetua luceat ei. an.

1291. Im nördlichen Flügel. „Anno dni MCCXCI quarto Kl. Novembris obiit Herrmann miles dictus Semann de ....," Kennigheim ist zerschlagen, in der Mitte das Wappen.¹)

1298. Im östlichen Kreuzgang. Anno ab incarnatine do- MCCLXXXXIII. V. y dns o. Othilia. Sie war nach dem liber mortuorum die Wittwe des Grafen Wolfram.

XIV. Jahrhundert.

1331. Im östlichen Flügel liegt ein Grabstein mit dem Wappen der von Weiler für den aus dieser Familie stammenden Abt Johannes I.

XV. Jahrhundert.

1416. Im westlichen Flügel. Anno Domini MCCCCXVI starb Eberhard von Grumbach am samstag vor Urban.²)

1431. Im nördlichen Flügel. Anno Domini m° quadringentesimo tricesimo primo starb Eberhard von Grumbach zw Ussikheim der Junge am Donnerstag vor Kyliani.

1459. Im nördlichen Flügel. Anno Dni MCCCCLIX am Dienstag vor Matthaei starb der vest hans von Reinstein dem Gott gnaedig sei.³)

---

¹) Wappen bei Kühles.
²) Wappen bei Kühles.
³) Wappen bei Kühles.

XVII. Jahrhundert.

1614. Im nördlichen Flügel. Ao. 1614 . 21. Nov. o. fr. Guilly Moll. Romae in collegio Germ. Jacet ibidem ss. Theol. Studiosus.

1626. Im nördlichen Flügel. Anno 1626 . 20. Oct. o. Fr. Jacob Hoefer Sac. Burs. et Administrator hujus loci . cuius aia R. in pace. Amen.

Im Capitelhause.

1416. „Anno Domini MCCCCXVI. in die s. Gregorii papae o. Dominus Joannes Hildeprand Abbas XIII. „Er war zwar der 31. Abt, wurde aber als 13ter inter bene meritos bezeichnet.

1459. Gleich beim Eintritt eine Grabplatte mit dem Abtstabe ohne Inschrift. Sie bezeichnet das Grab des Abtes Johannes V., Altzen oder Altzheym, ss. theologiae doctor ejusdemque in Universitate Heidelbergensi professor publicus. Er wird als der 15te der bene meritorum genannt.

1452. A. D. MCCCCLII . XI Kal. Aug. o D. Joannes Sigemma de Ochsenfurt XIIII Abbas in Bronnbach XXXVII. Anno regiminis . C. A. R. in pace.

1501. Anno Domini MCCCCCI in decollatione S. Joannis Baptistae obiit Dominus Michael Keller de Buchen, hujus Monasterii Abbas cujus anima requiescat in pace.

Ausserdem sind im Capitelsaale noch die Grabstätten der Aebte Conrad Vogel † 1. Juni 1401. Petrus Igstatt 1461 — er wurde unter dem Abtstuhle begraben — und Johannes von Botfsheim 1526.

¹) In der Brauerei wird ferner ein Grabstein als Fussplatte verwendet, der folgende Inschrift trägt: Anno 1680 die 3 mensis Julij Adm. Rdg P. Albericus Seidenspinner, Gamburgensis hujus loci professus p. 1. Herbipoli oeconomus, ubi mortuus, hic autem sepultus est. Requiescat in pace.

Dazu kommt das Totenbuch zum 3. Juli 1680: R. P. Albericus Seidenspinner Gamburgensis oeconomus Herbipoli, ubi

---

¹) Nach Kühles a. a. Orte p. 115.

obiit et in mnrio sepultus prope imaginem B. M. V. in peristilio. Wir ersehen hieraus, dass Grabsteine verschleppt worden sind und das wohl in grosser Anzahl. In den Mauern der Wirtschaftsgebäude wird wohl auch manch einer verbaut sein.

Steinmetzzeichen kommen nur sehr wenige vor, an der Kirche nur an dem ältesten unter dem ersten Abte Reinhold errichteten Teile, d. h. am Chor. — An den übrigen Teilen der Kirche sind Steinmetzzeichen nicht vorhanden. An der südlichen Seite des Chors an dem Mauerrest der alten Kapellenanlage:

An derselben Stelle, etwas höher:

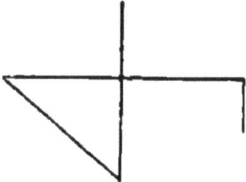

Viermal kommt au der Aussenseite der Apsis ein Pentagramma vor, sehr sauber, aber mit geringer Tiefe eingegraben:

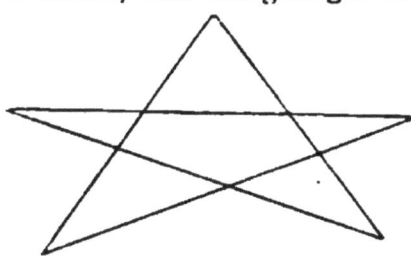

Ebendort öfters:

Dies sind alle Steinmetzzeichen, die wir an den Aussenwänden der Kirche finden konnten. Im Innern derselben ist auf dem Grabmal des jüngeren Stettenberg, auf dem rechten Arme, folgendes Zeichen:

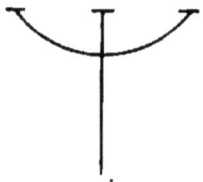

Auf dem Beine ist noch ein mit ziemlich unsicheren Strichen gezeichnetes Pentagramma, das wohl nicht ein Zeichen des Meisters ist.

Es ist eine auffallende Thatsache, dass sich Steinmetzzeichen nur auf dem ältesten Teile der Kirche, aus der Zeit der ersten Bauperiode, finden, der Zeit nach Wiederaufnahme der Arbeiten, vom Jahre 1166 ab fehlen sie völlig.

Lebensbeschreibung.

Der Verfasser, evangelischer Confession, in Beuthen O./S. am 11. Februar 1867 geboren, besuchte das Gymnasium zu Beuthen und Berlin, bezog W.-S. 87/88 die Technische Hochschule Karlsruhe, um Architectur zu studieren. Während der 5 Semester, die er dortselbst studierte, wandte er sich, unter dem Einflusse der Vorlesungen W. Lübke's, dem Studium der Kunstgeschichte zu. Er studierte dann ein Semester in München, drei auf der Berliner Universität, wo er an den Vorlesungen und Uebungen der Professoren Grimm, Curtius, Frey und Lenz theilnahm, bezog dann die Universität Heidelberg, wo er durch drei Semester die Vorlesungen der Herren Kuno Fischer, Erdmannsdörffer, von Duhn und von Oechelhäuser hörte. Am 22. Juli 1893 bestand er das philosophische Doctorexamen. — Allen seinen hochverehrten Lehrern, insbesondere Herrn Professor von Oechelhäuser, spricht der Verfasser seinen tiefgefühlten Dank aus.